煌めく太陽

太平洋戦争はアジア侵略戦争だったのか

三ツ森 正人

幻冬舎ルネッサンス新書
204

はじめに

毎年12月8日や8月15日が近づくと、あの太平洋戦争いわゆる大東亜戦争について新聞記事や書店に関連した記事や書籍が並ぶ。私は戦争の経験はないが歳を経るにつれあの戦争は結局何をもたらしたのかという思いがだんだん強くなっていく。私が高校生のとき学校の授業でこう言われたのを今でも鮮明に覚えている。

〝敗戦（アメリカ）により我が国は軍国主義が崩壊し民主主義国になり、基本的人権が確立された。戦争ばかりしていた日本は平和国家となった。〟また〝史上初めて原子爆弾が広島と長崎に落とされた。このことにより日本人はやっと目が覚めたのだ。それまでの日本は思いあがっていて戦争ばかりしていた。〟要は「悪の日本」はアメリカを中心とする「戦勝国の正義の刃」によって更生したのだと。また、敗戦時日本は東南アジア、南太平洋など広大な領域を占領していた。そのため、あたかも戦勝国により『日本によって虐げられていたアジア諸国とアジア人を解放』したのであると。事実は日本が進攻する前に多くのアジアはすでに〝欧米によって侵略され虐げられて〟いたのであるが。

そのときは深く考えずそういうものだと思っていた。また、現在においても昭和を語るとき、このような「日本悪玉論」が主流である。しかし、冷静に考えれば日本がなぜ戦争ばかりしていたのか、何に目が覚めたのかよくわからない。そしてあの戦争（太平洋戦争・大東亜戦争）は日本のアジアに対する侵略であるというイメージは世間では一般的な史実として定着している。しかし、侵略といっても日本がアジアを支配したのはわずか3～4年弱に過ぎない。それまでは何のことはない、前述のとおり日本進攻の前に欧米諸国（いわゆる戦勝国）が支配していたではないか。それもその支配期間は70年～３００年間におよんでいる。それこそがアジアに対する侵略でないのか。それが日本のアジア進攻によりその統治機構を破壊・消滅させ旧植民地体制を破壊したのである。それがアジア解放につながったといえるのである。もう一度示す。

・国際連合（戦勝連合国）が植民地解放をうながしたのではない。↓　国連はしょせんは戦勝国連合。

・宗主国が自主的に植民地を解放したのではない。↓　アジア諸国にとって戦勝国、日本国に関係なく苦痛を強いたのである。

どういうわけかこの事実、そして日本の功績は覆いかくされてしまった。大問題ではないのか。それは日本が日本にとって最終戦争?といえる太平洋戦争（大東亜戦争）に敗れたからにほかならない。

そして戦勝国により「東京裁判」をはじめとする数々の手段で一方的に〝日本の近現代史の意味付け〟を決めつけられたからである。この〝押し付けられ、また植え付けられた一方的な日本のアジア侵略論の濡れ衣〟を晴らすべきであろう。

このように考え始めるとまた別の考えが浮かんでくる。実際のところ、あの戦争（太平洋戦争・大東亜戦争）により日本と戦勝国は日本にそしてアジアに何をもたらしたのか？ということである。はたして戦勝国は「正義の刃」だったのか？　また、敗戦国日本はアジアに厄災だけをもたらしたのか？　このことについて考えることは今後の日本、平和を考える上で意義あることだと思う。

ハッキリ言っておくが間違っても〝日本の行動を正当化または太平洋戦争（大東亜戦

争）を正当化〟しようという意図ではない。この部分を明確にしなければ真の平和は訪れないからである。

もう一度論点を整理してみよう。

①日本は一連の戦争、特に太平洋戦争（大東亜戦争）によってただただ侵略に邁進し、そしてアジアに厄災だけをもたらしたのか？

②米英の存在は〝正義の刃〟と言えたのか？　逆に日本の行動こそが（結果論かもしれないが）〝正義の刃〟ではなかったのか？

③実際のところ、戦勝国によりアジアにどういう変化をもたらしたのか？

④戦勝国による「朝鮮解放独立」「台湾の主権放棄」「満州国解体」は本当に、当該の国民、民衆にとってよかったのか？

⑤〝悪の日本（そしてドイツ）〟を成敗した後、結局世界から戦争はなくなったのか？　平和がもたらされたのか？

私は言いたい。結局、アメリカの正義は〝余計なお世話〟に過ぎなかっただけではないのか？

今一度検証の必要があるだろう。

これと同じ内容のものを前著の拙著『昇る太陽』（幻冬舎）で述べさせていただきました。ある意味本書は前著の焼き直しともいえるが、内容をもう一度整理し、もっとわかりやすくしました。またまた諸先生の書籍から知恵を拝借しました。読者も、もう一度思いを寄せて最後まで読んでください。

煌めく太陽

太平洋戦争はアジア侵略戦争だったのか

目次

はじめに　3

第1章　開国から太平洋戦争（大東亜戦争）までの日本の歩み　15

1　日清戦争　日本、東アジアの主役へ／2　日露戦争　世界の舞台に躍り出る日本／3　第一次世界大戦　新興国日本（アジアから独立国としての参加は日本のみ）および新興国アメリカの台頭／4　ベルサイユ条約　ドイツに対する過酷な条約、第二次大戦の第一の原因／5　ワシントン体制　戦争によらない日本封じ込めおよび既得権確保政策／6　第二の国際連盟？　アメリカの存在および行動／7　満州事変――無主の大地に近代国家満州国建国・日満ブロックの形成／8　日中戦争（支那事変・日華事変）――泥沼となった日中戦争

第2章　日米交渉開始
――結局開戦への導火線・暗礁に乗り上げる日米交渉　67

1　「日米諒解案」成立！／2　松岡外相「日米中立条約」提案および松岡修正案提示／3　南部仏印進駐　ついに対日石油全面禁輸／4　「帝国国策遂行要領」決定／5　東條内閣成立　開戦忌避の切り札／6　運命のハルノート回答　事実上の最後通牒／7　日米開戦は不可避だったのか？――日米交渉とは何だったのか？

第3章　太平洋戦争（大東亜戦争）開始
日本軍の圧倒的勝利、植民地体制崩壊、アジア解放へ　91
1　戦勝国にとってこの戦争の大義は何？／2　昇る太陽　日本、東南アジア、南太平洋制圧、史上最大の版図

第4章　この戦争により日本がもたらしたもの　125
1　東アジアの解放　アジア各国の独立、白人時代の終焉／2　「大東亜会議」——日本が主催、主導した有色人種で最初の国際会議

第5章　日本の植民地？　統治の実態　日本の植民地統治について　191
台湾、朝鮮、満州国の三国はある意味すでに日本により解放されていたといえる

第6章　日本の植民地？　統治への考察
なぜ触れられないのか？　なぜ評価されないのか？　225
1　概要　事実に基づかず一般論に乗っかった批判が多い／2　戦争に負けたことがすべて統治そのものに問題があったからではない／3　理解されない、あるいは無視される〝和の精神〟〝共生の精神〟

第7章　戦勝国がもたらしたもの（その1）　241
1　「国際連合」成立（戦勝国連合）／2　台湾、朝鮮、満州国の解放／3　日本改造／4　現在の領土問題　不可解なアメリカの態度

第8章　戦勝国がもたらしたもの（その2）　281
1　第一次世界大戦後の戦後処理と第二次世界大戦後の戦後処理は根本は同じ／2　日本統治下の植民地解放は本当によかったのか？　余計なお世話ではなかったのか？

第9章　世界に平和は訪れるのか？　289

1　国際連合（戦勝国連合）の存在　国際連盟と違い世界の平和を目指したものとは思えない／2　社会主義体制国家崩壊！　すべて平等ならば戦争は起きない　しかし人間の持つ本質を無視！した社会／3　天皇の存在（のすごさ）理解できないほど深い／4　天才！　石原莞爾の「最終戦論」とは？　しょせん戦争を終わらすためには戦争しかないのか？／5　共生社会、多様性を受け入れる社会はどうか？　世界平和はもたらされるのか？

あとがき　308

参考文献　311

第1章　開国から太平洋戦争（大東亜戦争）までの日本の歩み

日本は明治維新（１８６８年）後26年目にしてアジアの超大国「清」との戦争に踏み切った。その後太平洋戦争（大東亜戦争）に負けるまで戦争、戦いの連続であった。しかしその後は現在に至るまで対外戦争は皆無であり一人の戦死者もなく平和を享受している。まるで〝米英の正義の刃〟によって平和国家になったような印象を与える。また、そういうふうに考えるのが普通と認識されている。

一つ言えることはアメリカによって戦争のできない無力な国にしただけである。もともと、よく考えてみると明治維新前の江戸時代の２６０年において日本は一度も対外戦争はしていない。（ちなみに欧米列強はアジア・アフリカを侵略しまくっていた。）つまりまたもとの日本に戻っただけではないのか。その日本が、あの一時ただ突然アジア制覇にめざめ戦争好きになり侵略の目的のみでアジアの大国「清」、ヨーロッパの大国「ロシア」、はては世界最強国に上り詰めた「アメリカ」と戦争したというのか。

普通侵略というものは自国より弱い国に対して行うものである。〝侵略の目的〟で自国より強大な国に自ら戦争を仕掛けることなどあり得ない。そんなことは少し考えてみればわかることではないか。日本の明治維新から太平洋戦争（大東亜戦争）に至るまでの過程をもう一度考えてみるべきであろう。そしてその一連の過程においてアジアにそして世界に何をもたらしたのか？

１　日清戦争　日本、東アジアの主役へ

１８９４年（明治27年）２月朝鮮の東学党の乱（甲午農民戦争）が起こりその鎮圧をきっかけとして7月に清国との開戦に踏み切った。清は大国といえども兵力は分散しており、北洋陸海軍の統括者李鴻章自身も日本との開戦に消極的であった。

そのため戦場となった朝鮮への派兵は小出しとなり戦意にまさる日本軍のまえに屈した。海戦においても世界最大の戦艦を保有していた清国北洋艦隊であったが練度にまさる日本艦隊の勝利におわり１８９５年（明治28年）下関において講和条約が結ばれた。この日清戦争の勝利により、東の果ての小国に過ぎないと思われていた日本が東アジアの主役になった。主役は中国大陸から日本に移ったのである。中国を中心とする〝華夷秩序〟が崩壊したのである。

それだけでなく１８９４年から１８９９年までに各国との間の〝治外法権〟が撤廃され

た。日本国自身が〝自主の国〟に近づいたのである。日本は朝鮮の改革に着手した。この朝鮮に対する改革姿勢はアメリカの理解を得た。ちなみに日本に敗れた清国はこの間つぎつぎに欧米列強に蚕食された。

2　日露戦争　世界の舞台に躍り出る日本

(1) 日露戦争勝利　日本完全に自主の国へ、そしてアジア防衛へ

朝鮮をめぐる争奪戦は新たな敵を迎えることとなった。世界最大の陸軍国、イギリスに次ぐ世界第二位の海軍国ロシアであった。1904年（明治37年）2月日本軍は旅順港にてロシア太平洋艦隊に夜襲を行い戦端が開かれた。超大国ロシアに日本が開戦に踏み切ったのは単なる危機感だけでなくある程度戦える目途があったからである。

2月に日本艦隊の旅順港奇襲から始まった日露戦争は陸軍は遼陽の戦い、旅順攻防戦、黒溝台の戦い、奉天決戦などで連戦連勝を続け海軍は黄海海戦でロシア太平洋艦隊を事実上潰滅させ、対馬沖でロシアのバルチック艦隊を全滅させ勝利を決定づけた。そしてアメ

リカとの「桂・タフト協定」によりアメリカのフィリピン領有と日本の朝鮮領有を確認した。１９１０年（明治43年）日本は朝鮮を併合した。朝鮮半島の安定が確保されるに至った。日本は１９１１年アメリカを最後として〝関税自主権が回復〟した。日本は完全に〝自主の国〟になった。

　この日露戦争は近代における一番意義のある戦争と思う。日本海海戦は無数ある海戦のなかで一番意義のある海戦といえよう。日本が負けていれば欧米列強によるアジアの進出が加速され日本、中国は植民地となりアジアのすべてが植民地となったであろう。そして今なお植民地のままであったろう。

日露戦争は近代において〝有色人種が白色人種に勝利〟した最初の戦いとなった。これは欧米により抑圧されたアジア民族に〝民族意識〟〝独立・自立の意識〟の覚醒をもたらしたのである。日本はアジアに希望を与えた。そして日本は世界の舞台に躍り出たのである。

（２）第零次世界大戦（日露戦争）　近代戦の幕開け

２００５年日露戦争１００年の節目のときに一部の学者の間で〝日露戦争は「第零次世

界大戦」である。〟というとらえ方が紹介された。『検証　日露戦争』（中央文庫）で横手慎二氏が紹介している。これは

①兵力集中・動員においてこれまでの戦争を大きく凌駕していること。

②新兵器、特に機関銃がはじめて戦場に使用され補給などに鉄道がフルに利用された。また海戦において複数の戦艦が砲火を交えた戦いであった。兵器の性能や後方補給が勝敗に影響力を増す初の近代戦といえる。

③これまではその戦争の影響は〝直接戦争している当事者間〟のみであったが、この日露戦争は〝当事者間の利害を超えた関係国〟同士の政治戦争であったこと。（独、仏はロシアを支援、英、米は日本を支援した。）　など

という理由であるが、私は②そして特に③こそが「第零次世界大戦」といわれるゆえんだと思う。一国の戦い勝敗が二国間を超え多国間にかなりの影響をあたえる時代に突入しはじめたのである。

3　第一次世界大戦　新興国日本（アジアから独立国としての参加は日本のみ）および新興国アメリカの台頭

この戦争にともに新興国である日本、アメリカが遅れて参戦した。終わったときにはこの両国はさらに新興国から世界の大国にのし上がっていた。

（1）日本参戦

1914年、第一次世界大戦が勃発した。ドイツ・オーストリア＝ハンガリーなど同盟国陣営対アメリカ・イギリス・フランス・ロシアなど協商国（連合国）陣営との戦いで人類が初めて経験する史上最大の大戦となった。

戦場はヨーロッパであり日本は直接的には関係がなくヨーロッパ諸国も参戦を望んではいなかった。アジアに利権を持つヨーロッパ諸国が日本から利権を脅かされるのをおそれたためである。しかし、日本は「日英同盟」を結んでおり、また〝ドイツの東洋艦隊〟が各国の補給を脅かし始めると日本に参戦を要請してきたのである。1914年8月23日連合国側に立ち宣戦布告を行い、9月2日ドイツの租借地山東省に上陸10月7日占領。間を少しおいて青島要塞を攻撃11月7日陥落させた。アジアで最初の空中戦も行われた。ちなみに、この27年後に日本の〝ゼロ戦〟が欧米列強機を蹴散らし南太平洋を席巻するのである。同時に10月ドイツの統治領である南洋諸島（北マリアナ、パラオ、ビスマルク諸島、マーシャル諸島、ミクロネシア）を攻略した。いわば日本は太平洋進出の足掛かりを得たといえる。ますますアメリカとの対立が深まりはじめた。話はかわるが、ここでふと目に付くのは、参加国がヨーロッパ諸国が中心でありアジアからの参加は〝日本〟のみであることだ。インド人も参加しているがイギリス軍の一部であり国家としての参加は日本のみといえる。何のことはない。この時点でのアジアの独立国は日本とタイしかないという事実である。当時のアジアの現実である。

　この大戦は当然のことながらヨーロッパを疲弊させた。そしてアメリカ（日本も）が連合国側に立って途中参戦した。アメリカはこの戦争により債権国となり事実上世界第一位の地位を得た。

　日本が最長二千年の歴史をほこる〝昇る太陽〟なら、アメリカは一番歴史の短い〝昇る新興超大国〟といえる。この戦争により両国は台頭することとなった。

（２）アメリカの参戦　ついに世界の超大国へ

１９１７年４月にこれまでヨーロッパ不干渉の立場から中立であったアメリカが連合国側に立って参戦した。１９１８年５月末には１００万にのぼる兵士を送り込み連合国側の勝利に貢献した。参戦のきっかけは教科書ではイギリス船籍ルシタニア号が撃沈され１２８名のアメリカ人が乗っており同艦の沈没によりアメリカ人が犠牲になったことが原因と記されている。しかしルシタニア号が撃沈されたのは１９１５年５月であり参戦までまる２年を要している。また、１９１６年12月にドイツ帝国からの和平仲介を買って出ている。（連合国に拒否された。）どうやらアメリカの参戦理由は別のところにあるようである。大国同士の戦争を遂行するには多額の戦費が必要となる。そのため同盟国、連合国を問わず中立国アメリカから大量の軍需物資を購入しておりそれはアメリカを債務国から債権国に押し上げた。１９１３年の対英、仏の貿易額は８億ドルであり３年後の１９１６年は何と30億ドルにまでなった。では１９１３年対独、墺の貿易額は１・７億ドルであり３年後の１９１６年はなんと１００万ドルに激減している。（これはイギリスが海上封鎖をしているためである。）しかし、アメリカがいかに債権を保有しているといっても回収できなければ意味がない。それも、金額からいって対独、墺ではなく、対連合国の債権回収である。

もし連合国が敗れれば回収できなくなるおそれがある。いまや債権国になり世界一の大国になる機会をそこねることになる。そのために連合国側に立って参戦したと思われる。そうなると独、墺の同盟国側はますますアメリカの支援は受けられなくなる。１９１８年11月3日ドイツのキール軍港で水兵の反乱が起き、パリの郊外コンピェーニュの森で休戦交渉が行われ11日休戦協定が結ばれ戦争（戦闘）は終結した。そして翌年の１９１９年1月18日にパリのベルサイユ宮殿において講和会議が行われることとなった。

（3）「対華二十一カ条の要求」　中国侵略のシンボル・中国の反日気運が高まる

ヨーロッパで国を挙げての戦争のさなかに日本が中国に対して行った〝評判が悪い〟いわゆる「対華二十一カ条の要求」である。大戦の最中で世界が欧米に気を取られている間にこの要求が行われた。そのため〝火事場泥棒〟といわれたりしている。

日本と中国の関係は日露戦争後は多くの留学生が日本に送られ、また近代化の手本としての日本との関係は良好といえた。しかしこの「二十一カ条要求」を中華民国大総統袁世凱に飲ませたことから反日、侮日運動が高まったとされる。具体的内容は大きく5つからなっており

第一号　山東省について
・ドイツが山東省に持っていた権益を日本が継承すること
・山東省内やその沿岸島嶼を他国に譲与・貸与しないこと　など四カ条
第二号　南満州・東部内蒙古について
・旅順・大連（関東州）の租借期限、満鉄・安奉鉄道の権益期限を99年に延長すること
・日本人に対し、各種商工業上の建物の建設、耕作に必要な土地の貸借・所有権を与えることや自由に居住したり、鉱山採掘権、鉄道建設などを求める七カ条
第三号　漢冶萍公司について
・漢冶萍公司を日中合弁などを求める二カ条
第四号　中国の領土保全について
・沿岸の港湾・島嶼を外国に譲与・貸与しないことの一カ条
第五号　中国政府の顧問として日本人を雇用すること、その他
（後に問題となるこの第五号は非公開・希望事項であり要求事項ではなかった。）
・中国政府に政治顧問、経済顧問、軍事顧問として有力な日本人を雇用すること

・中国内地の日本の病院・寺院・学校に対して、その土地所有権を認める。
・必要性のある地方の警察を日中合弁とするか、またはその地方の中国警察に多数の日本人を雇用することなど七カ条

以上計二十一カ条

第一号から第四号までは〝ほかの欧米列強並み〟を求めたに過ぎない。ただ第五号の七カ条は明らかに中国の主権侵害といわれても仕方がないであろう。しかし、これは希望事項であり要求事項ではなかった。要求を突きつけられた袁世凱は希望事項と要求事項とを区別せず二十一カ条の要求を突きつけられたとして故意に内容を歪めて各国に伝え同情を求めた。

この〝対華二十一カ条の要求〟が出されたことについて主要国はどうみていたのか。

・アメリカ……第一号から第三号については特に反対はせず。ただ山東省を満州と同様な日本の特殊権益地域とすることには反対した。第四号、第五号については明確に反対の意向を示す。特に第五号に関心が集中した。
・イギリス……アメリカとほぼ同じで第五号に関して日本に再考を求めた。

・フランス……特に異義を唱えず。
・ドイツ…当然不賛成。

日本は第五号を取り下げた。それでも渋る袁世凱に〝最後通牒〟を突きつけ認めさせた。第五号を除けば日本の要求は欧米列強並みの（対中国との取り決めに関して）普通の要求であるが、後のベルサイユ条約で日本の要求が認められると、このことをきっかけとして日本に対する反日気運が高まり、中国民族運動「五四運動」につながったとされる。

筆者はこのことについてかなり疑問がある。さほど不当と思われないこの「対華二十一カ条の要求」。それを認めさせてから二年以上過ぎてからこの「五四運動」である。何か不自然さを感じる。

対象となったのは日本でなぜ対日本のみなのか？　なぜ全欧米列強に対する民族運動でないのか？　なぜ国際連盟に対するものでないのか。しかも騒いでいたのは学生であり民族運動とはほど遠いという印象である。（第一当時の中国に市民や民衆という概念があるとも思われない。）

この当時、袁世凱自身は帝位につくことを希望しておりそのためには日本の人的・物的支援が必要であったため悪い話でなかったはずである。にもかかわらず日本の中国〝侵略のシンボル〟とされるのは、袁世凱が他国の同情を得るために第五号の希望条項を要求条項として各国に通知するなど中国にしてやられたこと。そして日本が〝最後通牒〟という形をとったのも袁世凱が各国の同情を買うために仕向けたようである。今日の日本の外交もこういった形で優位に進められているのではないか。

　しかしそれにしても不自然である。ロシア革命の影響を受けた学生にコミンテルンが、暴動の機会を狙っており、たまたまこの「二十一カ条の要求」がターゲットになって学生をけしかけたのではないか。ただ、日本が第五号を取り下げたこともありアメリカはこれを評価したのか１９１７年11月アメリカとの間で「石井・ランシング協定」が締結された。

・日本はアメリカが主張する中国の領土保全、門戸開放を認める。

・アメリカは日本の山東省の権益を認める。

というものである。この協定は日米が双方の主張を認め合う最後の協定となったといえる。

4　ベルサイユ条約　ドイツに対する過酷な条約、第二次大戦の第一の原因

ベルサイユ条約というのは通称であり、正式条約名は「同盟及連合国ト独逸国トノ平和条約」と呼ばれる。この講和会議の前に１９１８年1月アメリカの大統領ウイルソンが戦争目的の明確化と戦後処理の方向性を示した「14カ条の平和原則」をアメリカ連邦議会で表明している。

これは大きく分けて①国際協調②国境問題の調整③民族自決④国際平和機構の設立である。アメリカはこの講和会議においてこの「14カ条の平和原則」を中心的とした主張を行っている。これは前述の「平和に関する布告」の影響を受けたものである。

しかし他の連合国はドイツに対し大きな負担を負わすことにより、自国の安全と莫大な戦費の賄、そして何と言ってもアメリカに対する債務を減少させようとした。特にフランスの姿勢は顕著であった。

講和会議そのものは事実上ドイツは招待されず戦勝国のみで講和条件案が作成された。その講和条件は１９１９年5月ドイツ代表団（４月に招請された）に提示された。回答期

限は14日間しか与えられなかった。その内容は過酷であった。
ポーランド回廊によりドイツ領土は分断された。植民地はすべて放棄させられた。軍事に関しては陸軍の総兵力の保有制限のみならずその編成まで制約がある。動員すら禁止している。ここでは記していないが各師団において将校、下士官の数、および小銃、機関銃の保有数まで制約されている。この講和会議はドイツに対する制裁という意味合いがあるにせよ少し異常ではないか。

この講和条約の内容が世界に公表されるとアメリカは「14カ条の平和原則」とかけ離れているという批判を行った。そのためアメリカは調印はしたが批准は見送った。イギリスのロイド・ジョージも過酷に過ぎるとしている。この過酷な内容はドイツと隣り合わせであるためか自国の安全のみに目を奪われたとしか思えないフランスが、徹底したドイツの弱体化を図ろうとしたためである。

戦争による疲弊はドイツも同じであるのに莫大な賠償を要求し、のちにフランスとベルギーは１９２３年1月賠償支払い遅延のためルール工業地帯を占領を企てている。こんなことをすればますます賠償の支払いができなくなるではないか。結局フランスは後の大戦でドイツに占領される屈辱を味わうことになるのである。この講和会議は新たな戦争の火種をつくっただけで終わったといえよう。

5　ワシントン体制　戦争によらない日本封じ込めおよび既得権確保政策

ベルサイユ（パリ）講和会議によりもたらされた新たな世界体制をベルサイユ体制と表現する。これにより欧州はドイツを抑え込むことができたが、逆に日本はドイツの敗北により山東省、南洋諸島を手に入れ、太平洋進出の足掛かりを得た。すなわち日本もアメリカ同様世界に台頭しはじめたのである。

これはますますアメリカの対日戦略に影響を与えた。また、それに加え日本は先のベルサイユ講和会議において、「人種差別撤廃条約」を提案した。参加国の多くが賛成票を投じたが、この条約はアメリカ、イギリスにとって国内法をかえる必要が生じるなど〝内政干渉〟だという意見があり、成立をみなかった（賛成11票、反対5票）。この提案に対し議長のウイルソンは『本案件は全会一致を得ざるにより…。』とした。ちなみに学校では『満州事変の「満州国」建国や一連の行動を正当と認めない。』とする国際連盟の裁定（賛成42・反対1）は明確に教えるのに、この「人種差別撤廃」という重要案件が提案され成立をみなかったことについてはあまり教えない。私は記憶にない。この時期、人種平等への道はまだまだ先のことであった。

そして、ついにアメリカはここでも指導力を発揮し、今度はアジアにおける日本封じ込め政策をとり始めた。今までは〝日米二国間の協定〟で取り決めを行っていたものをヨーロッパも交えて取り決めようとしたのである。ヨーロッパも大戦により衰えたアジアに対する影響力を取り戻そうとしたのである。

1921年11月～翌年2月6日の間でアメリカのハーディングの提唱で「ワシントン会議」が開催された。参加国は日、米、英、仏、伊、中華民国、オランダ、ベルギー、ポルトガルの9カ国であった。アジア・太平洋方面に関係ある国が参加対象となった。この会議は戦争によらず体よく台頭する日本を封じ込めることが目的であった。提唱国はアメリカである。

国際連盟の提唱もアメリカである。ここで強調しておくがアメリカは国際連盟の常任理事国ではない。メンバーでもない。しかしそのようなものは関係なくもはやアメリカは明らかに世界をリードする超大国になっていたといえる。この会議は大きく分けて三つに要約される。

①ワシントン軍縮会議　②９カ国条約　③４カ国条約である。

①ワシントン軍縮会議　体のいい軍備制限による日本封じ込め

日、米、英、仏、伊の五カ国が対象となった。主力艦（戦艦）の保有量を決めようというものである。当時はある意味国力は主力艦の数で決まる時代だった。結果は対米、英比率は６割とされた。日本の考えでは米、英に対抗できる兵力は７割であった。よく国力のない日本にとって無制限の建艦競争になったことを考えれば対米、英比率６割は保障されるのだから良かったのではないか、という意見もあるが、それは米英も同じであろう。何の努力をしなくても優位を保証できるからである。しかも海軍力制限は米英を除けば海洋国日本が一番影響を受けるはずである。私は明らかにこの軍縮会議は日本に焦点を当てたものと思われる。もし世界平和のためとか言うのなら私は保有量は同じにすべきであろうと思う。あるいは全廃すべきだろう。現にソ連のリトビノフは『もし軍縮を真剣に望んでいるのであれば、それを実現する方法は単純である。陸・海・空全軍を、各国の警察・税関活動に関するものを除いて、解散すればよい。』と述べている。国力に応じて軍備保有量を決めるというその根拠は何なのか。軍縮というのは体のいい言い回しで要は自国の利益を戦争によらずに守るために一番いい方法を採ったのであろう。

②9カ国条約　中国大陸における〝日本および中国〟に対する封じ込め

アメリカは日本を封じ込める第二弾ともいうべき方策に出た。それは中国に対する『中国の主権尊重、領土の保全、門戸開放、機会均等』という案を提示、この会議に参加した9カ国（日・英・米・仏・伊・蘭・ベルギー・ポルトガル・中国も参加）において了解を得た。このときに、日米の中国における権益などの取り決めを決めた〝石井・ランシング協定〟は破棄された。これにそってドイツから手に入れた〝山東省の権益は放棄〟させられた。いい、悪いは別として、ベルサイユ講和会議で認められた山東省の権益を放棄しろとの突きつけはどうかと思われる。日本はイギリスを頼りとして反対したが「日英同盟」破棄を目論むアメリカ、そしてアジアにおける影響力を回復したいヨーロッパ諸国には屈せざるを得なかった。ここでもう一つ大切なことはこの条約は〝中国のための領土保全ではなく〟あくまでも欧州列強がこれまで中国で得た利権を損なわないためのものであったということである。後述する南京事件（南京大虐殺とは別）や満州事変の欧米列強の対応などをみれば明らかである。またこの条約には中国自身も拘束されるのである。

③４カ国条約　太平洋における日本封じ込め

さらに第三弾アメリカの日本封じ込め戦略は続く。日・米・英・仏の戦勝国４カ国において条約が交わされた。太平洋の諸地域に関して現状維持が取り決められた。そして事実上の「日英同盟破棄」であった。これはかたちの上では日・英間で取り決めていたものを日・英・米・仏の４カ国の共同で紛争などを解決しようというものであるが、日本にとっては余計な干渉国が増えるだけであり日英同盟の破棄とおなじであった。アメリカは日本が誇張したのはイギリスの存在が大きいとみておりイギリス自身も大債権国アメリカには逆らえなかったのである。こういった取り決めによる国家間体制はワシントン体制と呼ばれている。

6　第二の国際連盟？　アメリカの存在および行動

この①軍縮会議②9カ国条約③4カ国条約をみてみるとこの会議の主役はアメリカでありアメリカの意図のまま複数の国を巻き込んでいるように思える。アメリカは国際連盟の常任理事国ではない。それどころか加盟国でもない。しかし世界をまさしくリードしている。

私にいわせればアメリカは第二の私的国際連盟の長であるようだ。その影響力は国際連盟以上といえる。いつでも好きな国を自国の都合に合わせて招集できるのである。少なくともヨーロッパ内の直接事項でない場合、いわゆる太平洋、中国方面においてはまさに国際連盟を超える存在および力を感じる。

それは1928年8月に締結された「(パリ)不戦条約」(ケロッグ・ブリアン条約)によく表れている。この条約はフランス・アメリカ・ドイツ・日本を含む15カ国の間で調印された。フランスの外相ブリアンがアメリカに対し〝戦争放棄〟を目的とした協定を提案したことが発端である。

そもそも国際連盟があるのにその常任理事国であるフランスがなぜアメリカに提案したのか。おそらく世界最強国であるアメリカの安全保障の同意が欲しかったのであろう。それを日本を含む15カ国に拡大したのもアメリカの意向である（ソ連を含む最終63カ国が参加）。いわばアメリカは繰り返すが必要があれば国際会議を運営できる臨時連盟国の長といえるだろう。今の国際連合（連合国）も「アメリカ私的臨時国際機関」を臨時でなく常設機関として具現化しただけではないのか。

ここでこの「パリ不戦条約」についてもう少し見てみよう。

この条約の最大の主旨は、『国際紛争解決のため、および国策遂行の手段としての戦争を放棄すること』・『相互間に発生する紛争または衝突の処理または解決を、その性質または原因の如何を問わず、平和的手段以外で求めない。』である。

これまでの国際法は国家は戦争に訴える権利を有すると考えられてきた。この条約はこれを、戦争の違法化・国際紛争の平和的処理を目指したものである。ここまでくると、ついに第一次世界大戦の反省を真に認識しはじめたのかと思われるがやはり事は簡単ではない。

問題点として、まず『侵略』の定義が行われていない。（これは現在でも明確にされていない。）肝心のアメリカは自衛戦争は禁止されないとの立場をとった。また自国の利益にかかわる軍事力行使は侵略ではない、と主張している。さらに、イギリスは国際法は相互主義であるので『侵略か自衛』は当事国が決める。また国益とされる場所も当事国が決めるとした。違反に対する制裁についてもふれられていない。

イギリスの態度を見ても、結局この不戦条約は戦争抑止には効果がなかった。当然であろう。それどころか却って自衛戦争、国益戦争を容認（確認？）することにつながった。ここでも目につくのはアメリカの意向・存在が大きい。そして最大の植民地保有国イギリスである。この両国が後に世界を牛耳ろうと国際連合（連合国）を設立するのである。

7　満州事変——無主の大地に近代国家満州国建国・日満ブロックの形成

東洋学を研究されたヘレン・ミアーズは述べている。『満州事変は複雑で混沌とした中国情勢の所産である。そして、こうした情勢をつくりだした責任はすべて欧米列強が負担しなければならない。』（『アメリカの鏡・日本』：ヘレン・ミアーズ　角川文庫）

（1）軍閥割拠　混戦状態の中国

辛亥革命によりついに中国から皇帝というものが消滅した。帝政から共和制になったのである。では皇帝にかわるものは何と呼ぶのか。いわゆる中華民国の国家元首の名称は大総統と呼ばれる。初代の大総統は臨時大総統として孫文が３カ月就任したがその後は１９１２年３月10日～１９１６年６月６日まで袁世凱（共和党）が就任した。その後黎元洪（進歩党）、馮国璋、徐世昌、曹錕と続くが正直袁世凱以外は形だけに過ぎなかった。

そしてその初代大総統であり北洋軍閥の巨魁であった袁世凱が死去すると各地域を統括していた軍閥が覇を争ういわゆる戦国時代に突入したのである。これら軍閥はそれぞれ欧米列強と結びつき混戦状態となったのである。大総統という存在は有名無実となっていたのである。もはや中華民国は国家の体をなしていなかったといえよう。

（2）漢口・九江イギリス租界奪取事件、南京事件　米英が北伐軍に艦砲を行う

北京政府の座をめぐって各軍閥が混戦状態を呈していたが、国民党（党といっても強いて言うならば南洋軍閥）の蒋介石（浙江省）が〝中国革命の父〟孫文の後継者を名のり１９２６年中国統一を目指し北伐を開始したのである。その北伐の途上において国民政府軍

（国民党軍）が1927年1月6日九江においてイギリスの租界地になだれ込み略奪の限りを尽くし租界地を奪還した。租界地を守るため上海に日・米・英・仏・伊など8カ国で計2万5千名の守備隊がいた。内イギリスは1万6千名で最大兵力を有していた。北京には日・米・英・仏・伊で計5千名がいた。海軍は8カ国計100隻（英40隻）であった。そして3月に南京事件（南京大虐殺とは別）を起こしている。北伐軍が南京に入城した際に外国の領事館および居留民に対し略奪、暴行を働いたのである。日本人を含む10人近い死者も出た。

この蛮行に対しイギリス、アメリカは軍艦を長江に派遣し南京市街に向け無警告で砲撃を行った。中国軍民および居留民の死傷者の合計は2千名に及んだ。実はこの直前に四川省の万県でイギリスの海軍士官と水兵が殺害される事件があった。このときもイギリスは万県に砲艦による艦砲射撃で報復した。万県に三千発以上打ち込んだ。悲惨な事件であるが、いきなり軍艦を送り込んでしかも〝無警告〟で市街地に砲撃を加えるこの行為はどうなのか。一般人に危害が及ぶのは目に見えている。中国人を軽視していないか。

この南京事件による暴動鎮圧には日本も加わるように要請されたが時の幣原外相は拒否した。英・米・日の三国で攻撃することは蔣介石政権の崩壊につながりかねないからである。そのようなことになっていたら中国は崩壊したかもしれない。幣原は中国を救ったといえよう。

　しかし日本のこの人道的な真摯な態度はこれが裏目に出るのである。日本軍は何も反撃しない。弱いからだとの判断をもたらした。（「軟弱外交」といわれた。）そしてそのために在留邦人に対する襲撃が相次いだのである。日本は中国の積もり積もったうっぷんのはけ口の対象になったのである。

　日本の誠意や真摯な態度を〝軟弱〟と受け取る中国人の態度は理解し難い。案外現在においてもそれが言えるのではないかと思う。さすが最大の植民地帝国であるイギリスは被抑圧民族の扱い方を知っていたのだろう。この日本の「軟弱外交」は国内で批判が出た。そして「軟弱外交」の幣原外相にかわり、元陸軍大将の田中義一が「積極外交」を展開することとなる。そして、中国は〝英＋日本〟から〝軟弱日本のみ〟にターゲットを絞ったといえる。また、このころソ連からのコミンテルンが裏で暗躍しておりこの南京事件もコミンテルンが裏で策動しているとしてイギリスはソ連と断交している。実際、国民党のなかにもコミンテルンに感化された者（第一次国共合作により中国共産党は国民党に吸収された。しかし共産党の党籍はそのままであった。）もおり、またスパイも潜入していたのであろう。コミンテルンはこういった連中を指導し一連の事件を起こさせ欧米列強と国民政府軍との衝突を企て蒋介石を失脚させようとしたとされる。信憑性は高い。そのため蒋介石は孫文の「連ソ・容共政策」（第一次国共合作）を放棄し中国共産党を弾圧し始めた。この南京事件は最終１９２７年４月に解決したが、この事件の底辺には何と言っても〝中国と欧米列強との不平等条約〟があるのは間違いない。ある意味予想されたことであろう。にもかかわらずこのことを欧米列強内で取りざたされた様子はない。

　ここで言いたいのだがその後にかなり影響を及ぼしたと思われるこの南京事件について教科書では触れられていない。ほかに中国における欧米列強の暴虐ぶりについても同様に触れられていない（義和団事件における暴虐行為など）。この南京事件により中国は〝反英・反日〟から〝反日〟のみになったのである。むしろ日本の誠意や真摯の姿勢が反日に拍車をかけたと言えよう。

　話は戻るが日本の侵略の代名詞として「対華二十一カ条の要求」は間違いなく教科書に記述されている。私に言わせれば中国で生ずる諸問題や事件はすべて日本が生じさせているように印象づけられている。近現代史を知るうえで問題ではないか。

（３）満州国建国

１９２９年ニューヨークのウォール街の株価が暴落した。人類が初めて経験するこの恐慌は適切・有効な対策が打たれてなかった。超大国アメリカの不況は当然〝世界大恐慌〟となった。

日本にも影響を与えた。日本は１９２３年の関東大震災で打撃を受けさらに27年の金融恐慌で不況にあえいでいた。日本は対外進出によりこの苦境を乗り切ろうとした。ドイツ、イタリアも同様であった。植民地大国イギリス、フランスのように〝ブロック（自国および自国の植民地圏内での経済圏）〟を構築する基盤がなかったからである。

イギリスやフランスは植民地間の閉鎖的な貿易、ブロック経済に踏み切った。日本もイギリスやフランスのように〝満州の権益を完全に確保〟し〝日満ブロック経済圏〟を形成しようとしたのである。それだけではない。満州における脅かされつつある居留民の生命・財産も保護する必要性に迫られた。権益保護のための軍事行動は当時認められていた。

混戦状態だった中国で南洋系軍閥である蒋介石が中国の新たな代表者の位置についた。その蒋介石は日本と清との間で結ばれた条約は無効としたのである。さらに、反日派の満州軍閥張学良は南満州鉄道と並行線を引くに及んだ。

明らかに清国とで締結された条約の違反行為であった。高まる排日・侮日は居留民保護の必要性も生じさせた。また折も折、満州兵要地誌を調査中であった中村震太郎大尉が殺害される事件が発生した。

満州進出を目論む関東軍は〝機は熟した〟と考えた。つまり「不況打開」「満州権益の確保」「居留民保護」を目指しこれを一気に解決すべく、ついに１９３１年（昭和６年）９月18日関東軍は南満州鉄道の線路を爆破するいわゆる「柳条湖事件」を起こし中国軍の仕業として軍事行動を開始し翌32年（昭和７年）３月には日本は全満州を占領下においた。わずか半年で日本の３倍の地域を手に入れたのである。これは日本の計画と軍隊が優れていたことがあるが、満州住民が過酷な張学良軍閥政権にいやけがさしていたのである。この間に奉天省、吉林省、黒竜江省の現地人の要人が集まり満州独立を宣言し１９３２年３月１日に中国最後の皇帝溥儀を満州統治の〝執政〟に迎え満州国を建国した。満州は満州族国家清の母体の土地であり、そこにまた新たに満州族の国を建国する、それを日本が支援するという形をとった。「五族協和・王道楽土」という建国のスローガンを掲げた。

この間アメリカのスチムソン国務長官は「日本の攻撃は奉天で留まるべきである。」と警告していた。しかし、日本軍は１９３１年10月８日奉天を超え錦州を爆撃した。張学良軍が錦州に集結していたためである。再びスチムソン国務長官は1932年1月7日「日本の全満州制圧は中華民国の領土の侵害である。『パリ不戦条約』に違反する一切の取り決めを認めない。」という道義的勧告を〝日本と中華民国〟に通告している。これは、中国の領土保全とする9カ国条約は、中国自身も拘束されるからである。

ここでもまたアメリカが出てくるのである。しかし日本にしてみれば〝満州の権益および在留邦人を守るための行動〟であるため不当な非難であろう。

「パリ不戦条約」におけるアメリカ、イギリスの見解をみてみよう。

・アメリカは自衛戦争は禁止されない。との立場をとっており、また自国の利益にかかわる軍事力行使は侵略ではない。と主張している。

・イギリスは国際法は相互主義であるので『侵略か自衛』は当事国が決める。また国益とされる場所も当事国が決める。とした。

左記をよく見ていただきたい。

満州事変はアメリカ、イギリスの見解に沿った行動といえる。こういった日本を擁護する内容は学校ではまず教えない。紙面の都合だけとは思えない。ただアメリカは日本は限度を超えたから許されないといっているのだろう。

アメリカは後の日米交渉のときもそうであるが日本の現状を理解しようとせずに〝原理・原則〟ばかりを振り回す。〝持たざる国日本〟にとって中国問題はほかの欧米列強より切実なのである。

　無主の地同然の満州に〝五族協和の新しい近代国家を建国〟するというこの発想はそんなに非難されるものなのであろうか。第一満州は中国の領土なのであろうか？　満州国は傀儡国家といっても現地人（住民）による満州独立委員会が一応ベースとなっている。満州国は現地住民の意に添わなかった国だったのか？

　もう一つある。はるか彼方の太平洋の向こうの国アメリカが何で日本の行動に対し目の敵のような態度に出るのかよく分からない。直接アメリカの権益を侵したわけではないのにである。

　ここで１９２４年に成立したソ連の傀儡国家、モンゴル人民共和国（現モンゴル国）はどうなのか少し比較してみたい。モンゴルは当時外モンゴルと呼ばれ中国から自治を認められていた。ロシア革命で敗れた白軍が侵入し１９２１年チョイバルサンらがモンゴル人民党を結成した。ソ連の指導のもとチョイバルサンによる凄まじい弾圧策を推し進め８００近い寺院を破壊、多くの僧侶を虐殺する独裁政治が１９５２年まで続いた。中国はこのソ連の傀儡国家を認めなかった。なぜこれが国際連盟で問題にならなかったのか？　アメリカはどうなんだ。中国が提訴しなかったからか？　ソ連は９カ国条約に参加していない。それが理由なのか？　日本の満州事変と何らかかわらないのにこれが問題にならない。

　私が思うにはアメリカが問題としなかったからだ。アメリカをはじめとする欧米列強にとって外モンゴルにおける事象はなんら利害、権益に関係ないからであろう。こうしてみるとことの事象よりも自国（欧米列強）の権益にどれだけ影響するかしないかが問題なのである。アメリカは別だが国際法に抵触しているかいないかは二の次の問題といえよう。このアメリカの〝正義（私にいわせれば特に日本に対し）〟が日米戦争の一因となるのである。

　この「満州国」建国は不況打開という経済面だけでなく、ソ連に対する国防の意味合いもあった。この電撃的成果に日本国民は沸き立った。しかし国際連盟はこの日本の一連の行動および「満州国」建国という事実に対し調停案を提出した。

　この調停案は事実上満州を中立化し、国際管理に置こうとするものである。国際管理といっても、この案が成立すれば第一次大戦以降ＮＯ．１の実力国になったアメリカが、満州を手に入れる可能性が高かったであろう。この案は中国の主権など無視同然であり、日本だけでなく我々も満州に一枚加えてくれと言っているのである。

この案に対する採決の結果は教科書によく出てきており、賛成42、反対１（日本）、棄権１（タイ）となった。１９３３年日本はこれを不服として国際連盟を脱退した。しかし、結果的には、国際連盟は満州事変を〝侵略〟と断定しておらず、実質的には日本の主張をかなり認めていたため脱退の必要はなかったかもしれない。

また、この新生「満州国」は、ドイツ、イタリア、またスペインからも承認を受けており、ソ連もブラゴウシチェンスク市とチタ市に満州国総領事館の設置を認めており事実上承認していたのである。

この満州事変は「塘沽停戦協定」により一応の解決を見た。しかし満州国国境付近では反日ゲリラ活動や反日運動がおさまらず１９３５年梅津・何応欽協定、土肥原・秦徳純協定により河北省、チャハル省から中国軍（国民党勢力）を一掃した。日本軍は満州に続き華北に手を差し伸べてきたのである。

そのため蒋介石は河北省とチャハル省を統合しそこに宋哲元（第29軍長）を首班とする自治政府を設立し日本の南下をくい止めようとした。この第29軍と盧溝橋事件をきっかけとして日中両軍が衝突するのである。

8　日中戦争（支那事変・日華事変）――泥沼となった日中戦争

ここでは、発端となった盧溝橋事件と全面戦争となった第二次上海事変、そして日本の悪の代名詞「南京大虐殺」について述べさせていただく。

他国に兵を送り込む行為自体は決していいとは思えないが、その部分だけをとらまえて日中戦争の拡大などすべてにおいて日本が原因、悪いという考えは間違っている。私は泥沼の日中全面戦争（拡大）となったのはどちらかというと中国側に原因があるように思うからである。この主旨を述べるには以下の三点で十分と思う。

（1）盧溝橋事件

１９３７年７月７日北京郊外の盧溝橋で日支両軍が衝突（盧溝橋事件）「日中戦争（当初名：北支事変）」がはじまった。この事件を発端として中国全土に戦線が拡大しやがて太平洋戦争（大東亜戦争）につながったのである。この盧溝橋事件も日本の謀略と言われ

ている。しかし停戦協定が結ばれた。内容は
①第29軍の代表者は遺憾の意を表し、責任者を処分し、再発防止に努める。
②中国軍は盧溝橋周辺から立ち退き治安維持は保安隊に任せる。
③中国共産党と密接に関係がある藍衣社のような組織を取り締まる。
この内容は明らかに中国側が手落ちを認めている。また、その発端となった事件の内容や状況およびその後の日本の対応から判断しても、これを利用して事件を拡大しようとしたかもしれないが、あらかじめ日本に計画性があったとは思えない。

確かにこの事件の一年前に豊台事件が起きている。これは支那駐屯軍が北京の喉元といえる豊台（近くに盧溝橋もある）に兵を配置したことによる。このことに中国兵が腹を立て日本軍の兵舎に殴り込みをかけたり暴行した事件である。こういったことが盧溝橋事件の伏線になったといえるが日本に計画性や謀略性があったとは思えない。中国軍の兵の質の悪さや統率力のなさが大いに影響している。この事件もその要素が大きい。そのため前述の協定が成立しても実行の保証のため日本はそのための策を考慮していた。

盧溝橋事件後当初、東京では事件拡大派と不拡大派に分かれていたが不拡大派の参謀本部第一部長（作戦）石原莞爾少将はついに中国膺懲を決意した。また中国側も本格的な戦

闘を覚悟した。

そして７月28日支那駐屯軍は北京攻略を開始した。中国軍も反撃したが戦死者５千名を出し北京を放棄し保定へ脱出した。ここで29日にまた拡大派を後押しする事件が起こった。北京市通州にて日本軍保安隊、居留民２５０名が虐殺されるといういわゆる通州事件（日本の教科書ではほとんど取り上げていない。私は日本と中国との小さなイザコザは反日も当然あるが中国兵の質の悪さも影響していると思う。）が起こった。

それもあり、30日には天津一帯を制圧した。石原莞爾少将は膺懲を決意したといってもあくまでも〝満州国の安定的発展〟を優先すべきと考え、あくまでも現地解決を考えていた。しかし、蔣介石の中央軍が北支に向けて集結中との情報が入っており、敵の第29軍兵力が７万５千名に対し支那駐屯軍は５千５百名であった。そのため関東軍及朝鮮軍からも派兵が行われた。

参謀本部は拡大派と不拡大派とに意見がわかれていたが、こうなるともはや不拡大の方針は通じなくなっていた。こういった経緯をみてみると、底辺に中国進攻の思いはあったかもしれないが明確な計画性はない。ただ逆にいうと日本には全体を見通した方針や施策がなくその場その場の場当たり的な対応が目立つ。日本は徐々に泥沼に足を踏み入れていくのである。

(2) 第二次上海事変——中国、日本に宣戦、日中全面戦争へ

この事件は是非述べておかなければならないものである。それはこの事件により日中全面戦争へと拡大するのである。すでに述べたが、1928年に、国民党の軍司令官である蔣介石は北伐を完成させ、孫文の意志を継ぐ第一人者である。その蔣介石が1937年8月上海で日本軍に攻撃をしかけたのである(第二次上海事変)。上海には多くの外国人が住んでいた。イギリス、アメリカ、イタリア、フランス、日本の租界地区があり、日本人が3万人と一番多かった。こんなところで戦闘行為が生じるのである。

おそらく世界が注視する場所で戦闘を生じさせ日本軍を撃破すれば国際的地位が高まると踏んだのであろうか。実はこれには、ドイツの軍事顧問団が大いに影響している。後に〝第二次上海事変〟と呼ばれることになるこの事件の経緯を見てみよう。

中国とドイツは当時蜜月の関係(第一次世界大戦の敗戦で植民地をすべて奪われ、多額の賠償金を背負わされたドイツにとって貿易相手は中国しかなく、中国の蔣介石にとってもドイツは優秀な武器の提供を受けることができる第一の国であった。両者の利害は一致

したのである。また、第一次大戦により山東省や南洋諸島などを失ったことにより、ドイツは反日的であった。中国はそのドイツの軍事顧問団長ファルケンハウゼンを迎え中国兵士に戦術指導、訓練などを実施していた。そして、すでに蒋介石に一年前の１９３６年4月1日に『今こそ対日戦（目標：上海・漢口租界地があるところ）に踏み切るべきである。』と進言していた。（ドイツはもしかしたら中国軍を使って日本軍によって奪われた中国内の利権を取り戻そうとしたのであろうか。）そのため蒋介石は進言に沿って第二次上海事変を勃発させたのである。上海で事を起こせば数カ国の租界地があるため世界中が見守ることになるからである。そして、諸外国の干渉に期待したのかもしれない。

　蒋介石は用意周到に7月下旬から兵士を保安隊や憲兵隊に変装させ上海に送りこませていた。8月12日、張治中を司令官とする中国軍は3万人で共同租界の日本人区域を包囲した。そして13日上海商務印書館附近で中国軍が銃撃による攻撃を開始した。懸念されていた戦闘がついに始まったのである。14日、中国空軍による空襲が開始された。日本艦隊に対する攻撃であったが、フランス租界、共同租界に爆弾が落ち民間人３０００名以上が死傷した。8月15日、〝南京政府の反省を促す〟として松井石根大将を司令官とする上海派遣軍が編成された。8月23日上海北部海岸に上海派遣軍が上陸。9月上旬までに上海陸戦隊本部前から中国軍を駆逐した。

しかし、ドイツ軍事顧問団の指導と強固なトーチカ、クリークに阻まれ派遣軍は苦戦に陥った。そのため10月9日、石原作戦部長の反対を押し切り（後辞職）背後を突く杭州湾への上陸を決定した。10月26日要所である大場鎮を攻略。11月5日金山衛に第10軍が上陸すると9日、中国軍は壊乱状態となり退却した。日本軍の死傷者は4万名におよび大激戦であったことがうかがえる。中国軍は15万以上の死傷者を出した。

この第二次上海事変により戦線は中国全土に広がることとなった。（日本は当初、北支事変と呼んでいたがこの第二次上海事変により中国全土に広がりをみせたため支那事変と改名した。）

この第二次上海事変および前述の盧溝橋事件からの一連の流れを見る限り日本の謀略性、計画性はなく、またこの第二次上海事変は宣戦布告がないだけで、中国による「武力行使による宣戦布告」である。これにより日中戦争が泥沼化する発端となったのである。

私の高校時代の教科書では第二次上海事変については〝事変は上海に飛び火した〟という表現で記されていたのを覚えている。自然に拡大したという印象を受ける。「中国側が仕掛けた戦争」であることをぼかしたいのであろう。

『もういちど読む新山川世界史』の記述では区別せずまとめて「…37年7月北京郊外で日中両軍が衝突する盧溝橋事件が起こると宣戦布告もなく全国に戦線を拡大し上海、南京、武漢などを占領した。…」と記述されている。これも同じようにだんだん戦闘が拡大していったという印象を与える。これは読者に誤解を与えるだけでなく、まったく正鵠を射た表現ではない。

このときの海外の反応も見てみよう。同年8月31日のニューヨーク・タイムズ紙「日本軍は敵の挑発のもとで最大限に抑制した態度を示した。数日の間だけでもすべての日本軍上陸部隊を兵営のなかから一歩も出させなかった。」9月16日ニューヨーク・ヘラルド・トリビューン紙「中国軍が上海地域で戦闘を無理強いしてきたのは疑う余地がない。」10月7日シドニー・モーニング・ヘラルド紙「…日本軍は増援を含めて四千名だけであった。…ドイツの訓練を受けた…2~3万の中国軍と向かいあって攻勢を開くだろうとは信じがたい。」

このように第二次上海事変が日中全面戦争に突入することになる直接的な原因であり、それが中国軍によってもたらされたものであるからである。確かに、『この戦闘に関しては〝中国側が一方的に仕掛けた〟かもしれないが、もとを正せば、満州事変その後の熱河作戦などにみるように日本の行動に問題があるからだ。』という主張もわかるが、そうだとしてもそんなことを言い出せばすべてにそのようなことがいえるのではないか。

また、一歩譲ってそれを主張するならば、『〝この事変に関しては中国側が仕掛けたものであるが〟という文言をいれたうえで』主張すべき内容や説明を述べるべきだろう。

（3）南京大虐殺――真相は不明であり一部は事実であると思われるが、戦勝国はナチスドイツのユダヤ人虐殺に匹敵する〝目玉〟が欲しかったと思われる

日中戦争を述べるにあたって逃すことのできない事件がある。「南京大虐殺」なるものである。この事件は日本軍が南京攻略戦前後において起こしたとされる事件である。虐殺数は中国側の発表では30万人としており、南京虐殺記念館も作られている。でも真相はどうなのか未だに不明のままである。中国側の主張のみがクローズアップされているようである。

この事件は私に言わせてみれば何で（後に述べるように）〝このような説得力のない・根拠のあいまいな事件〟にもかかわらず長々と大虐殺派、中虐殺派、小虐殺派また肯定派、否定派というふうに論議の的になっているのか不思議である。事件の究明より何者かによ

る何か別の意図があるように思えてならない。

　東京裁判ではこの事件の責任を問われ南京攻略戦の司令官松井石根大将が絞首刑となった。そしてこの事件の虐殺数を20万人としている。おそらく悪の元凶として〝西のドイツ、東の日本〟とバランスを取りたかったのではないか？　ドイツは〝ユダヤ人虐殺という目玉〟がある。日本にも同じような〝目玉（大虐殺）〟を必要としたと思われる。そして強いて言うならば、この事件の肯定派と否定派は日本近現代史の日本の功績の肯定派と否定派の縮図のように思える。

Ａ　事件の概要

　上海を攻略した後、12月13日日本軍はついに南京城内に突入した。城内は混乱しており中国兵はすでに軍服を平服（便衣）にかえ一般民衆に紛れ込んだりしていた。敵兵と一般民衆と見分けのつかない状態になっていた。日本軍はいつ襲われるか油断のならない状況のなかで、戦々恐々として行動した。

　もともと、日本軍には捕虜に対する嫌悪感がある。それに復仇の念が加わったため捕虜虐殺の要素があったのである。それに加え、第13師団第１０３旅団長山田少将は捕虜を

「始末せよ」との指示を受けている。南京攻略は当初から予定された作戦ではなかったため兵站が十分でなく日本軍自身が食料不足の状態であった。多数の捕虜を抱えることはかなりの負担となっていた。

12月14日時点での捕虜総数は約一万四千八百人に及んだ。このうち〝明らかにそれとわかる一般住民は釈放〟した。残り８０００名は収容した。中国人以外にも南京に残留する英、米、独、デンマーク、オーストリア人など医師、商社マンがいた。南京城内にドイツ人ジョン・ラーベを委員長とする「南京安全区国際委員会」が設けられていた。日本軍は中国側に軍事施設として利用させないなら攻撃しないと約束していた。

一般住民約6万8千人がこの「安全区」に逃げ込んできていた。このなかには中国軍の敗残兵が含まれていた。日本軍はまだ敗残兵2万5千人がいると推定しており狙撃も受けていた。こういった状況で略奪、暴行、強姦といった不祥事が生じたことは否定できない。これらの行為はすべて日本軍のせいにされているが、実際のところ中国軍側によるもののほうが多いだろう。いつ撃たれるかわからない中で敵国人に対しそう頻繁に行えるものではないだろう。

12月18日に陸海軍合同慰霊式が行われることとなり、日本軍は死体の片づけ、また敗残兵の処置が急がれた。「安全区」から連行された中国兵２３００名は多くが処刑された。かさねて上海派遣軍司令部からは捕虜は「始末」せよとの指示であった。

全部隊がこの指示通りに実施したわけではなく実数は不明である。中国側の資料によれば12月16日のみで12万人が虐殺されたとしている。一日でこれだけの人数を処刑したという。銃弾だけでも30万発ぐらいは必要であろう。直接的な戦闘行為でないのにそのような無駄なことをするのだろうか。第一そこまでする理由がわからない。
『戦争という異常事態が生んだものだ。』という〝いかにもそれらしい理由〟だけでは説明できるものではない。わずか一日でどのようにして死体の処理をしたのか、壕を掘るにしても深くかつ長大となり、車両で運搬するとしてもトラック三千台以上は必要だろう。

そんなことをすれば当然、目につく。ジョン・ラーベ委員長の「安全区」委員会の記録にこの日にこれらしきことが行われたような記述はない。まったく人目に付かず、銃声も聞かれず、誰にも気づかれずに行われたことになる。すんなり受け入れられるものではない。

しかし中国側の主張は対象範囲を広げ、12月12日～翌年2月上旬までの間、虐殺が行われたとしており、犠牲者数は29万４９１１人となるとする。いわゆる現在いうところの30

万人である。

B　〝数が問題〟そしてこだわっているものが違う

著書名：『わかりやすい「日中戦争」』（著者：三野正洋）にこういう記述がある。

「…〝数の問題ではない〟とする意見もあろうが、南京事件の場合はその数の多さが最大の問題である。…」

私は、〝数が問題である〟と明確に述べた記述はこれ以外には知らない。まさにその通りである。肯定派や大虐殺派は個々の事例を挙げ大虐殺があったと主張するが〝あった〟と言っているだけで30万人という数値の論拠などは不明である。

もしかしたら、１万人でも大虐殺ではないのかと言われれば私もそう思うが、それならば、１万人であるというべきであろう。よく虐殺数を問題にするのは犠牲者に対して〝失礼、不謹慎〟である、という意見がある。それもその通りだと思う。

しかし、〝その数〟が問題なのであり、少数ならばいわゆる〝○○事件〟とはならなかったはずである。私の考えでは、もし中国側が〝30万（事実かどうかは別として）〟と言う数値を出さなければ肯定派、否定派といった論争は生じなかったのではないか。また例え加害者であっても〝そこまではしていない。〟と言いたいであろうし、やっていないことまでも押し付けられるのは耐えられないであろう。

ここで、肯定派の人たちに私が問いかけたいのは、本当に犠牲者は30万人にのぼると思っているのだろうか。もし、中国側の主張が30万人でなく50万人だとしていたらどうなのだろうか。その場合は否定するのだろうか？　そして否定する場合、その否定の理由は何かと問いたい。

そして否定派は肯定派の個々の主張の矛盾点をつくやり方で〝なかった〟と主張している。この否定派の方たちにも問いかけたい。本当に〝虐殺〟はなかったと思っているのだろうか。

私が思うのは、否定派は〝数〟にこだわっているのではないか？　逆に肯定派は〝有無〟にこだわっているのではないか？　〝こだわっているもの〟が違うように思える。論争が延々と続くのは止むを得ないのではないか？

繰り返して述べると、肯定派の人たちが『確かに30万人は多すぎる。』とどこかで述べていれば、否定派といった人たちは存在しなかったのではないか。逆に否定派の人たちが『確かに虐殺はあったと思う。しかし数に…。』と述べていればこんな延々と続く論争にならなかったのではないか。

否定派の人たちにとって、『このまま放置していては〝30万人〟という数値が定着する。』このことをおそれてのことだと思う。もう少し述べると、否定派の主張のなかに『兵隊が軍服を脱いで便衣（平服）になるのは、国際法違反である。死刑やむなしである。それは虐殺ではない。』とするものがある。それを認めるとしてもやはり〝なかった〟とするには無理がある。

ここは前述の三野正洋氏の言葉を借りて終わりたいと思う。

『南京において確かに日本軍による虐殺が行われたが、その数は中国側の主張より大幅に少なかった。』

（4）「東亜新秩序の建設」表明

「蒋介石を相手とせず。」声明。収拾の道を断つことに。

１９３８年日本は中国の最重要工業地帯にあたる武漢三鎮を攻略した。同時に広東攻略作戦も実施され10月23日に広東も攻略した。これにより日本は漢口、武昌、武漢という中国最重要地帯に加え北京、南京、上海、広東を制圧、いわゆる中国7大都市を陥れた。急所をほぼ押さえられてもはや中国は自力による抵抗回復は不可能であった。しかし蒋介石は屈服しなかったのである。中国に米・英・ソが軍事支援していたためである。

１９３９年7月26日、日米通商条約破棄を通告してきた。（1年後に条約失効）。この前年の１９３８年に①日本の中国市場独占に危機感を覚え中国蒋介石政府に２５００万ドルの「借款協定」を行いさらに②１９４０年3月に２０００万ドルを追加した。

ここに日米対立が具体化しはじめた。アメリカの民間企業に「道義的禁輸」（モラルエンバーゴ）として、日本への戦略物資の輸出や融資を行わないよう要請した（強制力はなく道義的に）。これは日本政府に対し中国政策の見直しを暗にせまったのである。特に武漢作戦はアメリカを刺激した。しかし、日本は戦線が拡大するだけで見通しが立たなかった。

１９４０年3月に〝汪兆銘工作〟により国民党ＮＯ．２であった汪兆銘を蒋介石から離脱・脱出させた。そして汪兆銘を首班とする「南京政府」を樹立した。しかし、意図したより波及効果や影響は少なく、蒋介石は重慶において米英ソの支援により徹底抗戦を続けた。１９４０年6月アメリカは工作機械を禁輸した。現在の日本は工作機械技術や輸出は世界一であるが、この当時はアメリカから輸入していたのである。

日本は米英の中国支援ルート（援蒋ルート）を断ち切る目的で北部仏印へ兵を進めた（旧北ベトナム・北部仏印進駐）。この日本の行動に対しアメリカはさらに10月に屑鉄、鋼鉄の事実上の禁輸に踏み切った。

これに対し日本は事態打開のため9月26日に「日独伊三国同盟締結」を発表した。ドイツ、イタリアと手を結んだのである。すでにヨーロッパでは第二次世界大戦が勃発しており、ドイツは快進撃を続けていたためである。ドイツ、イタリアとの同盟によりアメリカの圧力に対抗しようとしたのである。しかし、イギリスに敵対する独伊と手を結ぶことは、アメリカとイギリスとの結びつきを強めることにつながり、さらなる日本に対する包囲網の促進につながった。そしてこのときに、アメリカでは石油の〝全面対日禁輸措置〟を取るべきという意見もではじめた。

（5）ここまでの日本

こうしてみると明治維新からここまでの日本は、イメージされ、押し付けられている〝侵略に邁進する日本、好戦国日本〟という言い方はどうみても妥当ではない。確かに戦争、戦いの連続には違いないがそれを言うのなら欧米も同じである。弱肉強食の世界にあって自主独立を保つためには止むを得ないと言える。

日露戦争は日本をはじめとするアジアの防衛戦争となった。この戦争の後日本の誇張を恐れるアメリカは日本に対し体のいい封じ込めが始まる。それに対し日本は近代化に目覚めたばかりで国際的秩序の名のもとに抑え込まれそれに上手く対応できなかったのである。

では満州事変はどうなのか？　これも満州の権益保護、居留民保護、ひいては日本国防衛、という要素は絶対にある。ソ連が出てくることは間違いないからである。日本はその満州に満州国を建国し近代化をもたらしている。ただ単なる誇張、侵略といったものではない。当時の国際連盟も理由はともかく事実上日本の行為を認めたのである。

では日中戦争はどうなのか？　発端となった盧溝橋事件はどうみても偶発性が強く日本の謀略性はない。中国兵の質の悪さが第一の原因であろう。確かに関東軍は華北分離を画策していたこともある。目の前の獲物に目が眩んだのであろう。勿論よくはないが当時としては特段責められることだとは思わない。その後、華北（北支）に戦闘域が広がるが、全面戦争になる可能性はなかった。全面戦争になったのは第二次上海事変からである。これは中国軍が一方的に仕掛けた戦いである。こうしてみると、細かい部分での齟齬はあるにしても、一方的な日本悪玉論は見直すべきであろう。

そして日米開戦となるのである。

第2章　日米交渉開始——結局開戦への導火線・暗礁に乗り上げる日米交渉

「日本の奇襲攻撃は別に驚くには当たらぬ。我々は何週間にもわたり、彼らを戦争に駆り立てていたのだから。」（『リンドバーク第二次大戦日記（下）』12月8日　月曜日）

既述したようにアメリカの行動を見てみると世界平和の名のもとに日本に対し妥協や譲歩を示すことなくまた日本の置かれた状況や国情を考慮することなく原理・原則、法理論一辺倒でアメリカの正義を押し付け、またはそれを理由に日本を〝叩く機会〟を求めて続けていたように見える。この日米交渉にしても、

・『日本がアメリカの権益や領土を直接侵したり、脅かしたことから始まったものではない。』
・『直接的かつ具体的な何かをめぐってアメリカと対立していたものではない。』
・『アメリカにとって（アジアに特化すれば）日本のみが〝目障り〟だったに過ぎない。』

アメリカは〝世界をアメリカが気に入るような形〟にしたいのだろう。それしかないように見える。日米交渉はこれまでの日米間外交の凝縮版のように思えてならない。

１「日米諒解案」成立！

日本は悪化する日米関係打開のためにとうとう日米交渉を開始した。ここから開戦に至るまでの経緯を児島襄著『昭和16年12月8日　日米開戦・ハワイ大空襲に至る道』（文春文庫）を中心に述べさせていただく。

日米開戦の９カ月前となる１９４１年２月に元海軍大将野村吉三郎大使がワシントンに派遣された。補佐役に陸軍軍事課長岩畔豪雄大佐がついた。12日に国務長官コーデル・ハルと最初の会談を行い、３月14日にルーズベルトと会談した。野村大使は関係打開のため『日本のいういわゆる「東亜新秩序」は誤解されている。近隣諸国の共存共栄を図るもので、アメリカの南アメリカとの善隣外交とおなじである。』と説明した。ルーズベルト大統領は『…ヒトラーが勝ち日本の東亜新秩序が確立されれば米国は非常な苦境に立つ。…』と述べ、伊・独と同盟関係にある日本に懸念を示した。また『…米国の日本に対する通商停止もドイツに渡る可能性があるからだ。』とも述べた。この三日前にアメリカは武器貸与法を可決している。これは反枢軸陣営に対する武器援助のために違いなく、ルーズベルト大統領のこの発言である。野村大使からすれば、アメリカの態度は参戦を忌避しているように見えなかった。日米交渉に望みはうすかった。

この間の4月18日に野村大使から「日米諒解案」なるものを日本政府に打電してきた。

アメリカは日本の八紘一宇なるものを認めるといわんばかりで条件つきではあるが日支和平に協力する。そして満州国も承認する。南方進出も平和的進出なら資源獲得も認めるである。今から見れば日本をその気にさせんがための、この〝結構ずくめの了解案〟だったのではないか？　近衛首相は4月18日の夜の「大本営政府連絡会議」を開催し、詳しく説明した。会議の大勢は〝結構なものである。〟として受諾に傾いた。陸海軍も原則的受諾を決めたのである。当然と言えば当然である。しかし、肝心の松岡外相は訪欧中である。外相の帰国を待って結論を出すこととした。

2　松岡外相「日米中立条約」提案および松岡修正案提示

松岡外相は4月22日に「日ソ中立条約」締結の辣腕成果を引っさげて帰国した。そしてその夜に連絡会議が開かれた。当然「日米諒解案」についてであった。松岡外相は機嫌が悪かった。外務大臣を蚊帳の外においてこのようなことが行われていたからである。

その連絡会議で『…米国側提案は（この「日米諒解案」は米国側からの提案ではない。しかし松岡外相はそう思っていた。逆にアメリカも日本側提案と思っていた。）悪意7分善意3分』と言った。さらに『第一次大戦が終結すると、アメリカは、石井・ランシング協定を破棄した。ドイツ、イタリアに対する信義もある。米国は信用できない。』と述べた。

回答は『相当重大な事が含まれているから二週間か1カ月2カ月慎重に考えなければならぬ。』とした。

日本が「日米諒解案」を受けとってから約1カ月近く経った5月3日にやっと松岡外相は返答を待ち続ける野村大使に訓電を打った。『「日米中立条約」を提案せよ。』との訓令である。野村大使は、ハル国務長官に「日米中立条約」の提案を伝えたが『それは別問題だ。』と〝ニベ〟もなく拒否された。ハル長官は『早く日米交渉開始を急いでほしい。』とのことであった。

そして、日が経った5月12日にやっとアメリカに日本側の正式案を通達した。この日本側正式案は松岡外相が「日米諒解案」を大幅に修正したものであった。

ハル国務長官はこの日本側の松岡修正案について次のように述べている。『5月12日付の日本側正式提案を受け取ると、検討を加えたが、この文書からは、ほとんどかすかな希望の光も照射していなかった。あまりにも、日本側の一方的利益を主張している。』と結論した。松岡修正案は明らかにアメリカに対する要求であり、交渉といえないだろう。一部ではこの日米交渉が失敗に終わったのは松岡がぶち壊したからだといわれる。しかしなぜ松岡外相は〝要求〟めいた行動をとったのか、これには理由がある。この「日米諒解案」は松岡外相をはじめ日本政府は〝アメリカ政府の提案〟と思い込んでいたからである。逆にアメリカは日本側の提案と思い込んでいた。そのため内容はともかく対案を出すのは当然と言えよう。そして松岡外相は対米交渉には、次の三原則を主張していた。

①支那事変処理に貢献すること

②三国条約に抵触せざること

③国際信義を破らざること。である。

つまり、アメリカは支那に関しては日本に干渉せず、日・独・伊三国同盟に関しても余計な干渉的なことはするな。そして欧州戦争にもある特定の国を支援または参戦しないこと、ということである。松岡の日米外交の基調は「日独伊三国同盟」であったのである。

これでは確かに反ドイツであるアメリカ政府との交渉成立は困難といえよう。しかし、その後進展を見せない理由はアメリカ側にもあったのである。日米交渉において松岡外相に三原則があるように、ハル国務長官にも〝ハル四原則〟なるものがあった。

①すべての国家の領土保全と主権尊重
②他国に対する内政不干渉
③通商を含めた機会均等
④平和的手段によらぬ限り太平洋の現状維持である。

ハル国務長官はルーズベルトと会談して以下のように日米交渉方針を決めた。

①アメリカの政治的、道義的な基本的原則を放棄するつもりはない。
②5月12日の提案は日本側の正式かつ詳細な提案なので、これを真っ向から拒否せず、
　修正、削除、挿入などをかさねて討議を続ける。とした。

この譲歩しない姿勢は私からみれば明らかに交渉妥結ではなく、戦争を望んでいるようにみえる。

　そして、ハル国務長官は松岡案に対し対案ではなく意見書を野村大使に手交した。主旨

は以下のとおりである。

①米国が自衛のため参戦することは阻害されない。

②日支和平の仲介はできない。

③駐兵その他の細目についても、もっと明確にしてほしい。

というもので②を含む内容では日米交渉が進展するはずはなく、アメリカに和平の意志は見えない。それは松岡外務大臣も同じではないかに見えるが少し違う。松岡外相も日本政府も〝できるだけ譲歩しない形〟で日米戦争を避けたいだけである。アメリカの態度は〝場合によっては戦争になっても構わない。〟というふうに見える。

こうした中でヨーロッパ戦線では変化が見られた。もともとこの日米交渉はドイツの動きに影響を受けていた。日本は快進撃を続けるドイツの勝利を信じていたからである。

3　南部仏印進駐　ついに対日石油全面禁輸

このように日米交渉が進展せず、米・英の輸出包囲網が進んでいた。日本はオランダ領東インド政府に石油資源を求め交渉していたが6月に交渉決裂となった。そのときに大島ドイツ大使から〝独ソ戦近し〟の連絡を受けた。１９４１年6月22日午前三時、「日ソ中立条約」をあざ笑うかのように独ソ戦が開始された。

この独ソ戦は進展しない日米交渉に影響を与えた。ソ連の脅威が軽減されたため南方資源獲得がしやすくなったとして南部仏印進駐が主張された。6月24日の陸海軍部局長会議で「情勢ノ推移ニ伴フ帝国国策要綱」案を決定した。

独ソ戦によりドイツが有利に進んでいることもあり北進論（日ソ開戦）も加わった。北進か南進か様子を見るということであろうか。しかし、軍部はこのとき、対米英戦を覚悟していたといえる。アメリカも和平を模索していたわけでないため日米戦は避けがたかったといえよう。外相は6月25日の連絡会議において自ら締結した「日ソ中立条約」を破棄して対ソ攻撃を主張した。特に南進（南部仏印進駐）には懸念を示したが結局了承した。しかし6月30日の連絡懇談会でも再び松岡外相が対ソ戦を主張し懸念の「南部仏印進駐」の半年延期を提案した。しかし、近衛首相も「統帥部がやるならやる」として南部仏印進駐に賛意を示した。松岡外相もこれ以上の反対はできなかった。しかし、次のように述べている。

松岡『どう考えても、南方に対する火遊びは危険だ。南部仏印進駐を後6カ月間中止して、北を先にやるべきだ。』

及川海相、近藤軍令部次長『（仏印進駐は）延期してもいいだろう。』

塚田次長『…断固やるべきだと考えます。』

杉山総長『…断固やる決心である。』

近衛首相『統帥部がやる決心ならば、異存はない。』

松岡『しからば、我輩もやるが、そのほかの大臣は異存ないのか。（各大臣異存なし）最後に一言申し上げる。我輩は数年先の予言をして適中せぬことはない。南に手をつければ大事になると、我輩は予言する。英雄は頭を転向する。我輩は先般南進論を述べたるも今は北方に転向する。』


かくて7月14日フランスのビシー政府と南部仏印進駐に関する交渉が開始され、フランスは「必要なくなれば撤兵」などの3条件付きで受託した。7月28日飯田祥二郎中将率いる第25軍はサイゴン市に入った。

アメリカは日本の南部仏印進駐を知ると、7月25日、対日資産凍結を発令イギリス、オランダも同調した。８月１日対日石油全面禁輸に踏み切った。もはやこの措置で日米和平の可能性はゼロだったろう。日本はアメリカに屈服するか、戦争するかの岐路に立つことになった。日本が対米英戦を辞せずといいながら南部仏印進駐を行ったのは、北部仏印進駐のときは各国の反発が少なかったという理由もあった。甘すぎる判断であろう。この進駐は『国交断絶一歩手前まで進むの恐れ』（野村大使）を招いた。

この時期アメリカは反日気運を盛り上げていた。徴兵も継続され１９４１年５月には１２２万（40年５月20万）人に達していた。アメリカはハル４原則を振りかざすだけで和平を模索する意思はまったく見えなかった。交渉は対日戦に備えての時間稼ぎにすぎなかった。

４　「帝国国策遂行要領」決定

９月３日の政府連絡会議において、「帝国国策遂行要領」が決定された。要旨は

①帝国は自存自衛を全うする為対米（英蘭）戦争を辞せざる決意の下に概ね10月下旬を

　目途とし戦争準備を完整す。
②前号外交交渉により10月上旬に至るも尚我要求を貫徹し得る目途なき場合においては
　直ちに対米（英蘭）開戦を決意す。
9月6日この「帝国国策要領」は御前会議で承認された。対米英戦の決意を示したものが正式に国策となったのである。

こういった中で、10月2日アメリカから覚書きが届いた。要旨は

①日米首脳会談はしない
②中国、仏印からの全面撤兵
③日独伊三国同盟の骨抜き

であった。このアメリカの要求は過酷である。

この覚書に対しては〝日本に屈服を強いるものである。〟として永野軍令部総長はもはや『ディスカッションのときではない』と述べる始末で和平の成立の可能性は遠のくばかりであった。近衛首相は10月12日荻外荘において陸海軍大臣、豊田外相、鈴木企画院総裁を招集し会談した。

近衛首相は東條陸軍大臣に『…自分としては外交により大いなる確信がある。…戦争に

は自信がない。』と述べた。

東條陸軍大臣は『日米交渉妥結の見込みはないと思う。…首相が決心しても、陸軍大臣としてこれに盲従できない。』であった。

海軍大臣は『…首相に一任する。…』であった。

このときに海軍が〝対米戦に自信なし〟と主張すれば違った展開になった可能性はある。しかし、これまで日清、日露戦争で戦ってきた経緯や無敵海軍としての誇りもありそのような発言を求めるのはある意味酷だったろう。日米交渉妥結の可能性は〝中国撤兵問題〟で日本が譲歩することであった。それは陸軍が譲歩することにほかならない。しかし、10月14日近衛首相に対し東條陸軍大臣は〝中国駐兵問題は絶対に譲れない〟と主張した。もし、実際のところ日本が中国撤兵に同意していたら日米戦は避け得たであろうか。避け得たと思われる。しかし、そのときは避け得ても将来にわたって避け得たであろうか？　疑問が残る。ついに近衛首相はこれまでのアメリカの態度からしてついに万事休すとして同月16日内閣総辞職した。気の毒と言えば気の毒であり、無責任といえば無責任であろう。

5　東條内閣成立　開戦忌避の切り札

10月18日東條内閣が成立した。天皇は新首相東條に9月6日の御前会議にとらわれることなく内外の情勢を見て事を進めよ。とのことであった。

しかし、陸海軍統帥部は〝対米英戦に備える必要あり〟として着々と開戦準備を進めていた。無理からぬことといえよう。日本はアメリカのような大国ではないからである。

一方東條内閣は天皇の意向を受け日米交渉打開に向け、石油の備蓄も減少するなか譲歩も考慮する必要ありとして10月23日の政府連絡会議で以下のアメリカへの回答案を出した。

①三国条約は今までどおり②四原則は反対③仏印、支那撤兵はこれまでどおり。但し駐兵期間は25年とする④開戦日は12月初頭とする（南方作戦における潮の関係、石油備蓄の関係、日米国力差の関係からこれがぎりぎりとした）⑤外交交渉期限は11月30日までとする（陸軍は13日を主張したが東郷外相は辞職をほのめかし30日となった）。であった。

しかし東郷外相は反対であった。とりあえず支那事変関係は置いておき〝南部仏印撤兵〟を条件とする案を提示した。（乙案とした）要旨は

①日米は仏印以外の地域に武力進出を行わない

②蘭印における物資獲得に協力する
③通商関係を資産凍結前の状態に戻す
④米国は日支和平を阻害しない
これを条件に仏印から撤兵する。という内容である。

東條首相兼陸軍大臣は統帥部の反対意見を抑え、やるだけのことはやるとした。木戸内大臣の東條起用が生きたのである。そして、野村大使に加え来栖大使をアメリカに送り込むことにした。

6　運命のハルノート回答　事実上の最後通牒

ハル長官は閣僚に『日本はすでに戦争機械を作動させている』と述べ全員が同意した。そして日本を西部劇にみる悪者にみたて〝相手（日本）に先に打たせる〟ように対処することで一致した。

11月15日午後一時に来栖大使はワシントンに到着した。両大使は11月20日ハル長官にネックとなっている中国問題を外した南部仏印に限定した乙案を提示した。提示されたアメリカは了解し〝対案〟を行うことにした。そして、この〝対案〟をイギリス、オランダ、中国へ提示し了解を求めることとした。

対案内容は（3カ月間有効）

①南部仏印からの撤兵

②仏印駐屯兵力を7月26日現在の兵力に削減する

③右の①②の見返りとして石油の対日輸出を民需用の限度内で許可する。

しかし、この暫定案に対し中国は頑なに拒否した。3カ月の暫定であっても受け入れなかったのである。強行すれば中国脱落の恐れがあった。アメリカは、結局この暫定協定案を受け入れないこととした。

一方日本は11月26日午前6時南千島エトロフ島ヒトカップ湾に集結していた南雲機動部隊がハワイに向け出撃した。日米交渉が妥結すれば反転帰投の予定であった。その2時間前にハル国務長官から野村、来栖大使に乙案に対する回答が手交された。運命の「ハルノート」である。

①（これまでの）四原則の厳守

②日・米・英・支・蘭・ソ・泰間の不可侵条約の締結
③支那、仏印からの一切の軍事力・警察力の撤収
④満州国の否認
⑤重慶（蒋介石政権）の中華民国政府以外の政府・政権を認めない（汪兆銘政権の否認）
⑥日独伊三国同盟の破棄

アメリカはこれまで以上に条件を拡大してきた。愕然とする両大使に、ハル国務長官は『…これは一つの案だ…』と述べた。中国の脱落およびアメリカの世論をおそれた。もはやアメリカは即時開戦をためらわなかったのである。ハル国務長官は翌27日にスチムソン陸軍長官を呼びこう述べた。『さあ、これで私は手を洗った。あとは君とノックス（海軍長官）の問題だ。』

この回答を受けた東郷外相は『戦争を避けるために目をつむって鵜呑みにしようとして見たが喉につかえてとても通らなかった。』と述べている。

そして日米英蘭開戦の一週間前となる12月1日御前会議が開かれ、運命の開戦が正式に決定した。

7　日米開戦は不可避だったのか？——日米交渉とは何だったのか？

日本敗北直前の1945年8月14日の「ニューヨークタイムズ」の社説の見出しはこうであった。

〝太平洋の覇権は我が手に〟

『我々は初めてペリー以来の願望を達成した。もはや太平洋に邪魔者はいない。これでアジア大陸の市場と覇権は、我が物になったのだ。』

①日米交渉からみた考察

いつも思うのだが、なぜアメリカと日本が戦争することになったのか？　正直よくわからない。確かに〝昇る太陽日本〟と同じ〝昇る新興国アメリカ〟との対決は歴史の必然のように思える。新興国であるためアメリカがすでに確立されているヨーロッパに覇権を求めるはずはなく、日本もまたそうである。両国とも求める場所は同じ（中国）といえる。それでも釈然としない。よくわからない。すでに述べているように〝アメリカは世界を自国の思うような形にしたい〟国である。これがこの日米戦争の根本原因ではないか？（そして底辺に人種差別、異教徒差別がある。）

この、日米交渉に限っていえば交渉の決裂が戦争の直接の原因ではあるが、その責は日米どちらにあるのだろうか？　私はこの日米交渉に限ってみれば四分六でアメリカに責があると思う。日本は資源小国である。そして、アメリカは国力において世界一である。もともとそのような国とまともな交渉が可能であったのか？　日米交渉成立の成否は〝アメリカの寛容な姿勢〟にかかっていたといえる。日米交渉最大のネックは「中国からの撤兵問題」であった。日本がこれに譲歩していれば、日米英開戦は避けられたかも知れなかった。しかし、それは日本にとっては屈服と同じであった。アメリカはただ資源小国の弱みを突き包囲網を敷き、ハル四原則を振りかざすだけで、そこに交渉成立にむけての努力は見えない。ハルノートにみるように日本を挑発するような交渉を行っている。あわよくば戦わずして日本を屈服させられるかもしれないと読んだのではないか。

なぜ、アメリカは〝日中和平の橋渡し〟は出来なかったのか？　なぜしなかったのか？それは日本の中国における進攻を許せなかったからだ。というかもしれない。しかし、日中の間に入ることによりアメリカにどれだけの危険があったというのか？　それと、日中戦争が勃発し、泥沼化したのはすべて日本が悪いのか？　日本は直接アメリカの権益を侵したわけではないのである。アメリカが戦争を忌避しようと思えばできたはずである。ただアメリカは〝アメリカの正義〟をそして〝アメリカの世界秩序〟を押し付けるだけであった。

結局この日米交渉はアメリカにとって〝うまくいけば戦わずして勝つ〟〝戦争になればそのための準備の期間、参戦への世論の支持向上、参戦への正当性〟を与える意味合いでしかなかったといえる。

私はなぜ日本とアメリカが戦争することになったのか納得のいく書籍に出会ったことはない。原因は単純ではないのであろう。いや、この日米戦争はやはりアメリカの責に帰す部分が多いからではないのか。日本の先生方が〝忖度〟しているのであろう。

②欧州戦争に加わるため日本にけしかけたという論者に一言

付け加えて言うとアメリカはすでに始まっているヨーロッパの戦い（第二次世界大戦）に参戦するために日本にけしかけ戦争に持ち込み、ヨーロッパ参戦をもくろんだといわれる。その通りと言えるが、やはり疑問が残る。日米戦が開始されても、肝心のドイツがアメリカに宣戦布告する保障はないからである。やはりとにかく機会があれば「目障りな日本」を叩きたかったに違いない。案外日米戦の原因は単純で、アメリカの人種差別意識からくるのではないか。

③さらに一言

私はもう一つ付け加えたい。よく〝日本がこうしておけば日米戦は防げた〟〝これをしていなければ日米戦は防げた〟あるいは〝日本のこういった行動などが戦争につながった〟という意見がある。その内容はともかくハッキリ言いたい。それをもって〝日本に戦争責任がある〟とか、だから〝侵略戦争だ〟と主張するのは間違いである。それはあくまで、そうすれば防げた、あるいは避け得た。あるいはこうすればよかった、ということであり、だから日本が悪い、あるいは日本に責任がある。ということに直接的には結びつかない。繰り返すが、外交の稚拙さの問題と戦争責任や侵略戦争とは直接結びつくものではない。反省すべき材料ではあるが、よくごっちゃにした主張を目にすることがあるがきちっと整理して主張すべきであろう。

④まったく別の視点からの考察

ここでがらっと角度をかえてみれば日本が日米英開戦に踏み切ったはっきりとした一つの理由はある。とにかく〝最初（緒戦）は絶対に対米英に勝てる！〟という確信があったからだ。いくら追い込まれていても緒戦においてある程度の勝算がなければ戦端は開かなかったであろう。いや開けないだろう。とにかくかなりの勝利が見込まれたからだ。『太平洋戦争』上巻：著者児島襄によると陸軍は南方方面の連合国軍の敵兵力は以下のように推定していた。（実際の配置数とは違う）

	陸軍兵力	航空機
連合軍計（米英蘭豪４カ国）	約23・２万人	約６１０機
日本軍	約21万人	約陸軍７００機、約海軍１７００機

陸軍兵力は同数であるが、敵は広範囲に分散しており、その地域に多数の兵力で攻撃すればよい。右記の敵兵力数には現地兵は考慮されていないようだが現地兵はむしろ日本軍に有利に働く可能性が大である。航空兵力は敵の3倍であり、航空機の性能、パイロットの技量も優れている。制空権が勝敗の決めてとなる時代でありかなりの成果は期待できる。しかし、その後はわからない。ただ、敵兵力は増強されつつある。一日も早い開戦が望ま

れた。光明はその後に来ると信じて、開戦に踏み切ったのである。

参謀本部勤務・辻政信中佐は迫りくる南方作戦に備え兵隊向け心得集『これさえ読めば勝てる』を配布した。

『僅かに三十万足らずの白人に奴隷扱いされて来た一億の土人は眼玉の色も肌の色も我々によく似ている。世界の宝庫である土地を故郷として神様から貰って生まれた筈の土人が何の因果で白人ともに圧迫せられているのかと考えると誰しも可愛くなって来ることだろう。地理的に見ても歴史的に見ても土人にとっては英・米・仏・蘭人などは強盗であり、我等は兄弟である。少なくとも親類である。…』

第3章　太平洋戦争（大東亜戦争）開始

日本軍の圧倒的勝利、植民地体制崩壊、アジア解放へ

その戦争は通常「太平洋戦争」と呼ばれる。開戦時は「大東亜戦争」と命名されていた。戦場が太平洋だけでなく東南アジア、インド洋、そして満州・中国に及んでいたため当然の名称であろう。それを太平洋戦争と呼ばれるのはアメリカが押し付けたからである。ただ、そのように呼ばれていてもあまり違和感はない。日本を敗戦に追い込んだのは事実上アメリカであるからだ。

〝日本を指導者とするアジア復興を喜ばざる国々〟との戦争

『…中華民国政府は…長期抗戦を叫んでいる。…彼らのかくの如く執拗なる抗日は、一つには、英、仏、ソなどの後援を恃み、……叙上の援蒋国家群は、それぞれ利害を異にし、目的を異にしているが、日本を指導者とするアジア復興を喜ばざる点において、一致している。…。…東亜新秩序の確立は、やがて全アジア復興の魁である。全アジア復興は、取りも直さず世界維新の実現である。建国以来二千六百年、日本はいまだかつてかくの如き雄渾森厳なる舞台に立ったことはない。吾らは内外一切の艱難辛苦を克服して、この神聖なる任務を果たさねばならぬ。』『日本二千六百年史』：大川周明著日本はその二千六百年の歴史において、ここにはじめて世界に対し〝日本の正義〟を示し、これを実現しようとしたのである。

1　戦勝国にとってこの戦争の大義は何?

日本は大義を以ってこの戦争に臨んだ!

開戦日の午後零時二十分に政府は「帝国政府声明」を出している。この戦争の目的は

「帝国政府声明」　午後零時二十分発表

『アジアを本然の姿に戻すことである。』と。

1941年12月8日、日本はついにアメリカ、イギリス、オランダ（日本からの宣戦布告は1月）に宣戦布告。開戦の火蓋は斬っておとされた。同日午前7時ラジオは臨時ニュースでアメリカ、イギリスとの開戦を告げた。その後ハワイの真珠湾攻撃の大戦果を告げた。この日9回のニュースのほかに、臨時ニュースが11回も放送された。開戦初日か

ら広範囲に攻撃が行われたためである。

この半年後には東南アジア、南太平洋、インド洋に及ぶ「史上最大の版図」が築かれるのである。

この戦いは前述のようにかなり広範囲にわたって行われたこともあり、また大きな戦争がその後、生じていないためか、特にこの戦争に限り〝アジアに対する侵略戦争〟とよくいわれる。これまでの日清戦争、日露戦争、第一次世界大戦、満州事変、日中戦争については、特にどこそこに対する侵略戦争という言い方はあまり聞かない。日中戦争についてはときには『中国に対する侵略戦争』を開始したという表現は目にすることはあるが。

これはただ表現だけの問題だろうと言われるかもしれないが私は重要な意味合いを感じる。つまりこの東アジア全域、南太平洋に及んだ、この戦いの〝持つ意味合い、そしてもたらされた結果〟と思われる。そのため戦勝国にとって、この戦争を〝日本の『アジア侵略戦争』〟という印象づけが必要だからである。

このことについてもう少し持論を述べたい。つまり結論をいうと〝この戦いは大義が戦勝国にない〟からであろうと思う。強いて言うならば『日本が攻撃してきたからそれを阻止し、打ち負かしたのである。』ということであろう。

しかし、日米交渉に見るように日本にとってこの戦争はどう見ても強いられた戦争である。日本政府としてはアメリカとの戦争を避けようと模索していたことは間違いない。しかし、アメリカに和平の意思が見えないため、日本は南方方面に進攻することにより現状を打開しようとしたのである。

〝アジアに対する侵略戦争〟という言い方はそういった事情に関係なくただアジア制覇に向け積極的に突き進んだという印象を与える。いや印象づけたいのであろう。アジアを侵略していたのは欧米列強自身（戦勝国）ではないか。左記を見ていただきたい。今でいう〝アジア諸国〟というものは存在しない。次のとおりである。

・アメリカ領　フィリピン
・イギリス領　マレーシア、シンガポール、セイロン（現スリランカ）、ビルマ、インド
・オランダ領　インドネシア
・フランス領　ベトナム、ラオス、カンボジア
・中　　国　当時、未だに関税自主権はなかった。また各地に多くの欧米の租界地や租借地があり国家の体をなしておらず文字通り半植民地であった。

※ちなみにタイのみ独立国であった。しかしそれとてイギリスとフランスとの緩衝国としての独立であり文字通り日本のみが独立国であった。

つまり、戦勝国にとってこの戦争とは、『もともと侵略していた土地』を守るための戦いにすぎない。日本から見るとこの戦争は〝アジアに対する侵略戦争〟ではなく〝アジアを侵略していた宗主国に対する解放戦争〟ということになる。しかし、そうなると戦勝国は〝日本を悪とする事由〟がなくなる。日本を悪としなければ〝今度は戦勝国が悪〟となる。ウイン・ウインとの関係にはならないのである。そのためことさら〝アジアに対する侵略戦争〟という表現を用いることによりそれを印象づけようとしているように思う。いや間違いなくそうであろう。

ここでもう一つ紹介しよう。『』内文は著書名：『大東亜戦争の開戦目的は植民地解放だった』帝国政府声明の発掘　著者：安濃豊よりの抜粋である。

１９４１年12月８日「開戦の詔勅」と同時に、この戦争の目的と称する「帝国政府声明」というものを出しているのである。

『…ついに米国および英国に対し宣戦の大詔は渙発せられたり…新秩序の建設に邁進する

の決意は、ますます牢固たるものあり、而して、今次帝国が南方地域に対し、新たに行動を起こすのやむを得ざるに至る、なんらその住民に対し敵意を有するものにあらず、只米英の暴政を排除して、東亜を明朗本然の姿に復し、相携えて共栄の楽を分かたんと祈念するに外ならず。帝国は之ら住民がわが真意を諒解し、帝国とともに、東亜の新天地に新たなる発足を期すべきを信じて疑わざるものなり……』

要約すると（南方地域に対する日本の行動はその住民に対し敵意を持つものではない。ただ米英の暴政を排除し、アジアを本来の明るい〝本然の住民たちの国土〟の姿に戻そうと祈念する…その真意を了解してほしい）。

この政府声明は明らかにこの戦争の目的は〝アジア解放〟であることを宣言している。欺瞞だろうが、何だろうが開戦と同時にこの声明を出しているのである。〝アジア解放戦争〟というのは必ずしも後付けではない。

著者の安濃氏は『このようなものがあるのになぜその存在を大きく取り上げないのだろう。』と述べている。まったくその通りだろう。例えば『昭和史の急所』保坂正康著（朝日新書）の68頁に、〝開戦時に植民地解放を宣言していれば〟といった文章がある。つまり「帝国政府声明」にはまったく触れていない。でも開戦時に〝植民地解放を宣言した文言〟が確かにあるのである。安濃氏の言うとおり不思議なことにこの「帝国政府声明」はまったく知られていない。私も前著『昇る太陽』を書くまではまったく知らなかった。問題であろう。それはこんな一文だけではこの戦争における〝日本の正当性〟は示せない。と言いたいのだろうが、実際あるのだから知らしめていいはずである。日本のリベラルな先生方はどういうわけか〝自粛〟またはアメリカや中国、朝鮮に〝忖度〟しているのであろう。

とにかく、少なくとも（形のうえだけかもしれないが）日本はこの戦争を始めるに当たっては〝堂々たる大義〟をもって臨んだと言える。

2　昇る太陽　日本、東南アジア、南太平洋制圧、史上最大の版図

太平洋および東南アジアの日本の勝利について英陸軍少佐ジョン・L・クリスチャンは次のように述べている。

『歴史上、最も驚くべき軍事的勝利』

その歴史上最も驚くべき軍事的勝利をのぞいてみよう。

日本は開戦当初真珠湾だけではなく地域に対し攻略作戦を開始した。その勝利の勢いはまさに〝昇る太陽〟であった。

日本の陸軍兵力は香港攻略軍と島嶼攻略をのぞけば、いずれの地域も日本軍が劣勢である。しかし航空機は連合国軍計約１１００機に対し、日本軍は海軍機だけで１７００機、陸軍機７００機を加えると計２４００機で圧倒していた。しかも、戦闘機は当時最強の零戦であり、中国戦線で実戦経験も豊富であった。何年もアジアに君臨していた欧米列強が日本によりことごとく打ち破られる〝白人支配の終焉〟。おそらくその様はモンゴル帝国によって打ち破られて以来の敗北であろう。

（1）真珠湾奇襲　トラトラトラ我奇襲ニ成功セリ！

航空機の集中運用による〝真珠湾奇襲〟という大胆な発想は１９３９年に連合艦隊司令

長官に任命された山本五十六大将の発案であった。もともとは小笠原諸島あたりで敵艦隊を迎え撃つ〝漸減邀撃作戦〟が考案されていた。新長官山本五十六は強大な国力を有するアメリカに対抗するには、その国力を発揮するまえに大胆な作戦により大打撃を与え、有利な条件で講和に持ち込むという戦略がアメリカに勝つ唯一の道と考えたのである。史上初の空母の集中運用である。

戦艦八隻中、四隻撃沈、三隻大破、一隻小破、全滅である。そのほか軽巡一隻、敷設艦一隻、標的艦（旧戦艦）一隻を撃沈、大中破七隻の大戦果を上げた。攻撃隊は同日午前11時30分攻撃を終了、午後１時母艦に収容した。

アメリカの人的損害は市民３４８名を含む４０３１名が死傷した。アメリカ史上空前の損害であり、太平洋艦隊司令長官キンメルは解任され、アメリカ太平洋艦隊は壊滅した。

このアメリカ太平洋艦隊の潰滅は、アメリカの予定していた作戦（マーシャル諸島の攻撃、北太平洋の日本輸送船攻撃など）はすべて変更を余儀なくされ、日本軍は南方作戦が東側からのアメリカ攻撃を気にすることなく実施できることとなった。

（２）イギリス領に対する攻撃

イギリス首相チャーチルは12月８日の日米開戦をＢＢＣ放送で次のように国民に伝えた。

『ヒトラーの狂気が日本人の心に感染したとしか思えません。そしてその根とその枝はともに根絶やしにされなければならない。』

Ａ　香港攻略戦――香港空襲・「黒いクリスマス」・英国牙城の一画崩壊

12月８日は、極東にイギリスが持つ唯一の海軍基地である香港。日本軍第23軍はマレー上陸を知らせる暗号電「ハナサク、ハナサク」に応じて行動を開始した。第23軍所属の飛行隊は香港の啓徳飛行場を空襲。在機14機（民間機４機含む）を全滅させた。香港島に上陸する前にまず前哨基地である要塞群の九竜半島の攻略が行われた。日本軍は国境を越え〝中国人の道案内〟を立てて進んだ。香港在住の中国人は支配者のイギリスに対して〝反英〟感情が強かったのである。また、イギリス軍も日本軍を非能率、非効率の二流軍とみていた。九竜半島にはトーチカも多数作られていたが、多くは大砲などの配備はされていなかった。かくて大要塞群と思われていた九竜半島はわずか６日間で陥落することとなった。

12月25日ヤング総督とモルトビー少将は戦闘意欲を失い降伏を申し出た。

日本軍戦死６７５名、戦傷２０７５名、英軍戦死１５５５名捕虜約１１０００名であった。香港攻略に４週間はかかると思われていたがわずか18日で終了した。大英帝国の一角が崩壊した。次はマレー、シンガポールの番であった。

B　マレー沖海戦——戦艦時代の終焉

真珠湾奇襲の大戦果、「東洋のジブラルタル」シンガポール陥落に匹敵する衝撃を与えた海戦がある。

開戦二日後の12月10日の『マレー沖海戦』である。

イギリス艦隊（Z部隊）の兵力は戦艦「プリンス・オブ・ウエールズ」および「レパルス」、護衛の駆逐艦４隻計６隻であった。午前11時13分、美幌空第５中隊８機の爆撃から攻撃がはじまった。「プリンス・オブ・ウエールズ」「レパルス」に装備されたポムポム砲群は、毎分６千発を打ち上げた。「レパルス」の第４番砲塔に爆弾が命中した。元山空第一、第二中隊が「プリンス・オブ・ウエールズ」を左右両側から肉迫、雷撃を加えた。日本機は一機撃墜されたが二本の命中を得た。「プリンス・オブ・ウエールズ」は左舷推進機が２機停止し、船体は13度傾き、速力は15ノットに落ちた。さらに、右舷に３本の命中を受けた。速力は８ノットに落ち前甲板の一部は波にひたされていた。「レパルス」には20機で左右から攻撃した。５本が命中し左舷に30度傾き、ついにテナント艦長は退艦を命じた。「プリンス・オブ・ウエールズ」はさらに、後部に爆弾一発を受け、リーチ艦長は退艦を命じた。両艦の戦死者は８４１名であった。このマレー沖の激闘は〝動いて抵抗している戦艦〟が航空機によって沈められた初めての戦いであった。

この海戦により、戦艦はその存在価値を低下させた。日本は「白人時代の終焉」に加え「戦艦時代」にも終焉をもたらした。

C　マレー半島攻略戦――世界戦史に残る偉業

日本軍は直接シンガポール島に上陸せず背後のマレー半島を縦断、攻略しそこから上陸し攻撃する作戦をとった。ジットラライン。この陣地はインド人を中心とする６４００名が配置されており、２カ月から３カ月は守れると豪語していた。しかし陣地の構築状況は予定の半分しかできあがっておらず、イギリスの戦闘機は「バッファロー」で、日本のゼロ戦の敵ではなかった。攻撃の先鋒を務める佐伯挺身隊７５０名は戦車を先頭に、しゃにむに突き進んだ。折からの激しいスコールのなかでもあり、不意打ちとなり、20分で敵部隊は壊乱状態となり敗走。英印軍はジットラ陣地を放棄、総退却した。ジットララインの敗北は英印軍にとっては１００年前の第二次シーク戦争以来の敗北であり恥辱であった。

一方コタバル上陸に向かった侘美支隊５３００名は12月８日午前１時30分「船団は敵の敵機の攻撃を受けつつあり。」を軍司令部に打電。これは真珠湾攻撃より、１時間50分早かった。実は「太平洋戦争」の火蓋はコタバル上陸から始まったのである。侘美部隊は戦死３２０名、戦傷５３８名を出したが、コタバル飛行場も奪取した。上陸に成功した後はクワンタンに向かった。クワンタン攻略において２名の中隊長を失ったが、英印軍に１３００名の損害を与え占領した。

一方、ジットララインを突破した第５師団はスリム攻略を目ざした。スリム攻略において、世界の常識を覆す夜襲作戦は決行された。スリム防衛軍は３段構えの布陣をしていたが、ゴムの林を乗り越え配置されていた火砲を踏みつぶした。随伴した歩兵も攻撃に加わった。「敵はまさか夜間に戦車が…。」であり、逃げまどうばかりであった。一日でスリムを突破し１月11日クアラランプールを占領。予定より６日も早かった。そして日本軍はマレー半島最南端、ジョホールバルにせまった。英軍は増援部隊をシンガポールに送り込んだが２線級であり、到着した航空機も戦闘機51機に対し搭乗員は24名というありさまであった。日本軍は１月31日マレー半島最南端であるジョホールバルへ突入した。コタバル上陸から第25軍は55日でマレー半島を攻略したのである。

工程１１００キロメートル、１日平均20キロメートル、進むだけでも大変なうえ戦闘96回、橋の修理２５０回に及んだ。３万５０００名（死傷４５６５名）の兵力で８万名の英軍を撃破、第25軍国武参謀は『ドイツの東方進撃にも優り、世界戦史にいまだその例をみない。』と書いている。マレー半島攻略戦はまさに戦史に残る偉業であった。

D　シンガポール陥落

——東洋における白人最大の敗北、大英帝国の崩壊、白人時代に終焉

戦後フランスの大統領となるシャルル・ド・ゴールは２月15日に日記にこう記した。

『シンガポールの陥落は、白人植民地主義の長い歴史の終焉を意味する。』

マレー半島を席巻した日本軍は「東洋のジブラルタル」と呼ばれたシンガポールの対岸に三個師団６万人が集結した。大砲は１８０門準備され、２月５日まで猛砲撃を加えた。また空襲も行われ石油タンクは燃え上がり、シンガポールにある４つの飛行場のうち３カ所が破壊された。すでに、制空権は日本軍の手にあった。２月８日４４０門の砲撃の後上陸が開始された。夜までに全３万人の上陸が完了した。すかさずテンガー飛行場、そしてブキテマ高地を目ざした。

９日近衛師団がクランジ川付近に上陸すると守っていたオーストラリア師団はすぐに退却した。しかし日本軍もマレー作戦も含め進撃が早すぎるために、弾薬不足になり始めた。また、ブキテマ高地防衛の主力第22オーストラリア旅団の激しい抵抗にあい攻めあぐね始めた。第25軍作戦主任参謀辻政信は北側から攻める第５師団、南側から攻める第18師団を競わせ夜襲を促した。これが功を奏し２月11日紀元節、ブキテマ高地に両師団の将兵が殺到した。終日肉弾戦が続いた。ついに11日夜ブキテマ高地は完全に占領された。

２月15日夜、ブキテマ南側にあるフォード工場の一室で山下奉文―パーシバル会談が行われた。山下司令官はパーシバル司令官に対し返答をせまった。『降伏するのか、しないのか。〝イエス〟または〝ノウ〟で返答してほしい。』果たして答えは、『〝イエス〟』であった。世界の歴史がかわった瞬間であった。

　イギリスは正式に降伏した。マレー戦を含めると失ったイギリス軍は13万人を超える。東洋における白人の最大の敗北となった。シンガポールの陥落はまさに「白人時代の終焉」であった。

E　ビルマ攻略戦――援蒋ルート（ビルマルート）の遮断

　ビルマ攻略は、ここで産出される石油、米の確保のほかに、インドと中国雲南を結ぶ「ビルマルート（援蒋ルート）」の遮断であった。日本陸軍にとって、この太平洋戦争の目的はこの〝援蒋ルート〟を遮断し中国を屈服させることであった。開戦直後ビルマ最南端のビクトリア・ポイント飛行場を占領、そこで、タイ在住のビルマ人に義勇兵を募集。12月28日「ビルマ独立義勇軍」が設立された。戦前からの独立勢力アウン・サンなど日本軍「南機関」と連携をとり日本軍の進攻当初から協力していた。ビルマ進攻は山越えが多かったがこういったビルマ人の協力により不自由はなかった。

当初ビルマの作戦はシンガポール攻略後に行う予定であったが、シンガポール作戦が予定より早く進んでいたため1月20日ビルマ国境を越えモールメン攻略に向かって進撃を開始した。1月31日にはモールメンを占領。シッタン川を渡河し平野部に入った。3月7日ペグーに続き翌8日首都ラングーンを陥れた。ラングーンの占領により海路からの補給が可能となった。4月17日に油田地帯エナンジョンを攻略、敵戦車15両、車両３００台を得た。29日には参加していた中国軍の退路を断つラシオを占領。中国軍主力を撃破した。5月1日古都マンダレー、7日ミートキーナを攻略。5月12日に中国軍はビルマルートの「恵通橋」を自ら破壊したため「ビルマルート（援蒋ルート）」は遮断された。（後に連合軍は陸路でのレド公路を開通、また輸送機による支援で、援蒋ルートは継続した。）

かくて日本軍はビルマのほぼ全域を攻略した。日本軍の損害は死傷２４０４名連合軍の損害は遺棄死体2万7千名、捕虜４９１８名であった。

F　インド洋作戦

——防衛拠点の確立（インド洋制圧）、航空機による史上初めての空母撃沈

マレー作戦が成功すると、連合艦隊としては〝マレー防衛、蘭印防衛〟の拠点づくりの必要性が生じた。その防衛拠点として、ベンガル湾にあるアンダマン諸島とニコバル諸島の攻略を目指した。

しかしインドの最南端に位置するセイロン島にイギリス東洋艦隊の根拠地があった。空母・戦艦を有していたため真珠湾攻撃で大戦果を挙げた南雲機動部隊を再びインド洋に出向かわせることとなった。

3月26日同艦隊はセレベス島スターリング湾から出撃、4月5日セイロン島コロンボ港を急襲した。続けて4月9日コロンボ北部のトリンコマリーを空襲した。急報を受けトリンコマリー港から退避中であった小型空母「ハーミーズ」、駆逐艦1隻、給油艦2隻、コルベット艦1隻を撃沈した。この機動部隊の攻撃に併せベンガル湾に対し通商破壊作戦も実施された。南遣艦隊と呼ばれ小型空母「龍驤」、重巡5隻、軽巡2隻、駆逐艦9隻を3つ（北部、中部、南部）に分け実施した。撃沈・拿捕23隻に及んだ。この相次ぐ猛攻はイギリス軍を震え上がらせた。ソーマビィル提督は南雲機動部隊索敵を断念しマダガスカル島へ退却した。もし海戦が生じていたらイギリス艦隊は大打撃を受けたであろう。日本の空母兵力はイギリス艦隊の倍であり技量・経験も勝っていた。

日本艦隊はインド洋を制圧した。まさにこのときの南雲機動部隊は向かうところ敵なしであった。

（3）アメリカ領に対する攻撃

A　フィリピン攻略戦　第一次バターン戦　台湾からの長い槍、ゼロ戦の猛威、首都攻略にこだわる

アメリカ軍の支配下にあるフィリピンへの攻撃は上陸を開始するまでに敵航空兵力を撃滅するという、言わば正攻法がとられた。そのため台湾にある日本の基地から長躯フィリピンを攻撃することとなった。しかし、台湾からフィリピンの基地まで５００マイルあるため、航続距離がある海軍機が主役となった。海軍の主力戦闘機ゼロ戦はその空戦性能だけでなく航続距離も同時期の欧米の戦闘機を遥かに凌駕していたのである。８日午前２時半出発予定であったが、濃霧のため7時間ほど遅れて、陸上攻撃機81機、ゼロ戦90機が発

進した。７時間の遅れが〝奇襲〟をもたらした。30分に及ぶ攻撃で九機を炎上、ドラム缶２００本も炎上させた。ほどなく「クラーク」基地にも攻撃が加えられた。ここは、重爆撃機「Ｂ－17」（空の要塞）の基地であり、これを壊滅させることは、台湾への反撃を防ぐための最重要目標であった。この日の全体の戦果は偵察機など他機種も含めて99機に及んだ。わずか一日で米極東空軍の三分の一を粉砕した。さらにアメリカアジア艦隊の根拠地であるキャビデ軍港にも攻撃を加え米艦船の損害は潜水艦１隻、掃海艇１隻、輸送船２隻を撃沈または放棄させた。軍港施設にもかなりの損害を与えた。特に貯蔵してあった魚雷２３０本の損失は米軍にとって大打撃であった。13日もデルカメルン飛行場を爆撃、フィリピンの制空権をほぼ確保した。

ついに10日にルソン島のアパリ、ビガンに上陸を開始した。11日にはレガスピ、22日にリンガエン湾に上陸を開始した。

アメリカの支配下にあったフィリピンの防衛軍は大した抵抗もせず、バターン半島へ撤収した。ほどなく米軍はマニラを放棄「非武装都市（オープンシティー）」にすることを宣言、日本軍は大した抵抗も受けず１月２日フィリピンの首都マニラを占領した。米軍のバターン半島への撤退を〝敗走〟と見ていた参謀本部は直ちに、〝追撃〟を命令した。しかし、兵力不足のうえ、二線級のため予定より日数がかかり補給困難に陥った。攻撃続行は困難と考え戦線整理の必要性を具申した。大本営は前田参謀長を解任、新参謀長和知鷹二少将を派遣、戦線整理を図ることとした。

B　グアム島攻略戦

バターン攻略にもたつく間に日本軍は、マリアナ諸島におけるアメリカ軍の拠点であるグアム島の攻略を重視した。アメリカは日本軍の攻撃が始まればグアム島の防衛は不可能と考えており守備隊は海兵隊４００名のほか計７５０名程度であった。上陸を開始、戦闘は30分で終わりグアム政庁を占領した。

C　ウェーキ島攻略　手痛い反撃を被る

ウェーキ島は幅2キロメートル、長さ7キロメートルという小島であるが、米本土とフィリピンを結ぶ航空路の中継地点であり、グアム島とならんで西太平洋の重要基地であった。陸戦隊が乗艇を開始した途端、ウェーキ島の３つの砲台が砲火を開いた。また、破壊をまぬがれた４機の航空機も攻撃に参加した。砲撃の精度はよく駆逐艦「疾風」は艦橋と艦腹に命中弾を受け轟沈した。また、爆装のグラマン戦闘機の攻撃により駆逐艦「如月」が撃沈された。駆逐艦だけでなく、輸送船「金剛丸」も命中弾を受けた。司令官梶岡少将は上陸を断念、出直すこととした。「日本軍が引き揚げたときは、まるで戦争に勝ったみたいな騒ぎだった。（L砲台の砲員の話）」開戦からジャワ攻略までの戦いで日本軍の上陸が阻止された唯一の戦いである。しかし、ウェーキ島は長くは保たなかった。

日本軍の再攻撃が開始され十二月二十三日の午前５時フレッチャー少将に引き揚げを命じた。アメリカ太平洋艦隊が壊滅したうえこれ以上の損害を加えたくなかったからである。日本機は砲台や動く米兵に襲い掛かった。周囲の小島はすべて日本軍の手に落ちた。午後零時、攻略部隊司令官梶岡少将はウェーキ島の完全占領を確認した。

〝宣言「ウェーキ島」ハ全部大日本帝国ノ国有タルコトヲ宣言ス〟

D　フィリピン攻略戦　第二次バターン戦　コレヒドール戦
――マッカーサー脱出、連合国最後の抵抗の終焉

一時頓挫したバターン攻略戦であったが上部機関の南方総軍はフィリピン攻略軍第15軍に対し兵力を増強してバターン攻略を促した。作戦指導のためシンガポール戦で名をはせた作戦参謀辻正信中佐も参謀本部から派遣された。航空兵力も増強された。３月24日からバターン半島およびコレヒドール島に対し連日爆撃を行った。砲兵部隊も増強され、１９０門の砲を集めた（バターン１次戦の倍）。４月３日に総攻撃が開始された。敵の防衛線のチアベル陣地は爆炎につつまれ、敵は沈黙したままで、敗走するしかなかった。日本軍は進撃を続けた。４月９日にはバターン半島の最南端に進んだ。実はこのとき、米比軍最高司令官マッカーサー大将はいなかった。大統領の命令で３月11日コレヒドール島を脱出していたのである。有名な「アイ・シャル・リターン。（私は帰ってくる）」の言葉を残し、後をウエンライト中将に委ねたのである。この影響であっさり降伏した。あとは本当に〝最後の砦〟となったコレヒドール島（コレヒドール要塞）を奪取するだけとなった。

日本軍は対岸に１５０門を集め連日砲撃を加えていた。コレヒドールの北側の沿岸砲台

はすべて破壊された。５月２日には３６００発の砲弾を撃ち込んだ。５月５日第４師団の佐藤源八大佐率いる第61連隊の一部がコレヒドール島尾部に上陸した。上陸時に半数の９００名が死傷したが翌６日にカルバリー岬を占領。７日フィリピン全島の降伏に応じた。ここにフィリピンのみでなく日本軍の勢力圏内における抵抗はすべて排除された。マッカーサーが帰ってくるのはこの３年後である。捕虜は１万２千４９５名であった。日本軍の死傷は約１０００名であった。この陥落をもって東南アジア、南太平洋に日章旗以外の旗がなびくことはなかった。

Ｅ　アリューシャン作戦　アッツ、キスカ島攻略

６月にミッドウエー作戦にあわせアッツ、キスカ島の攻略を目指した。これはミッドウエー作戦のけん制の意味もあったが、米ソ間の連絡阻止、米航空隊のシベリア進出を防ぐためのものであった。６月３日、空母「隼鷹」「龍驤」、巡洋艦３隻、駆逐艦５隻で、アリューシャン列島のダッチハーバーを空襲、救難艦１隻大破破棄、一万５千バレルの重油を炎上させた。続いて両島の攻略に向かった。アメリカ領であったが守備隊はおらず無血

で、6月6日アッツ、7日キスカ島を占領した。日本軍は植民地でない米本土の一部を占領したのである。

(4)オーストラリア領に対する攻撃

A　ラバウル攻略戦――敵の反攻拠点の制圧

ニューブリテン島のラバウルは日本の海軍基地トラックにとって重大な脅威であり、またそこを拠点として反撃されるおそれがあった。2月4日から空襲を開始した。敵の兵力はわずか1500名(オーストラリア軍)およびワーラウェイ戦闘機10機程度で、後は海岸砲が20門あるだけであった。22日までに敵戦闘機、海岸砲を粉砕した。同日夜に上陸した堀井少将率いる5000名の南海支隊は数時間の戦闘で守備隊を敗走させ2月4日にラバウルを占領した。オーストラリア軍は500名がニューギニアに脱出した。

B　ポートダーウイン空襲

日本軍が攻略した東インド諸島（スマトラ、セレベス、ボルネオなど）に対する空襲がオーストラリアの各基地から行われるのを防ぐためにオーストラリア北岸の拠点を攻撃した。2月19日、真珠湾攻撃で大戦果を上げた南雲機動部隊が188機でポートダーウイン港を爆撃した。空中戦で9機、地上で14機を破壊、艦船に爆弾の雨を降らせた。その正確無比な攻撃は、撃沈・破壊12隻、大破は6隻に及んだ。損害は2機に過ぎなかった。3月3日ブルームにも攻撃を加え20機を粉砕した。

C　東部ニューギニア制圧

同時期の3月8日ラバウルに対する爆撃を防ぐため東部ニューギニア（オーストラリア領）のラエ、サラモアを占領した。敵はいなかったため、損害はなかった。

（5）オランダ領に対する攻撃（蘭印攻略戦）――石油の確保・最重要攻略目標

A　ジャワ島周辺地域攻略戦――スマトラ、ボルネオ、セレベス、チモール攻略

南方作戦の目的は石油確保でありこの蘭印攻略のために、フィリピン作戦およびマレー・シンガポール攻略作戦が行われたのである。真珠湾奇襲も太平洋側からの米軍の側面攻撃を防ぐ目的が大きかった。蘭印は今日のインドネシアである。ジャワ、スマトラ、ボルネオ、セレベスなどの島で成り立っており、全体の面積は広大であった。最終目標であるジャワ島のバタビア（現ジャカルタ）にはオランダ総督府があった。ジャワ攻略に向けまず攻撃は周辺の要所に向けられ2月10日までにタラカン、バリクパパン、パンジェルマシンを攻略した。伊東少将の東方支隊は2月20日までにアンボン、チモールの両島を攻略した。蘭印最大の石油基地のパレンバン攻略は空挺作戦で行うことになった。パレンバンは石油年間産出量470万キロリットルで、日本全体の年間石油消費量400万キロリットルを上回る。かくして2月15日正午ごろまでに製油所を占領した。さらに空挺部隊第二陣100名が降下しパレンバン全域を占領した。付近の飛行場も占領しスマトラ全島

の攻略を終えた。陸軍初の空挺作戦であった。死傷者は40名であった（海軍初の空挺作戦は１月11日のメナド攻略戦）。

Ｂ　スラバヤ、バダビヤ沖海戦——太平洋戦争初の本格的な水上艦同士による海戦

　ジャワ島奪取に向けての周辺地域の攻略はこのように順調に進んだ。それは同地域の制空権、制海権が確保されたからである。２月末までに、蘭印空軍はすでに壊滅していた。残るは蘭印海軍のみとなった。

　同艦隊は、２月27日スラバヤ北方１５０キロで輸送船団を護衛していた高木武雄少将率いる日本艦隊に果敢に攻撃をしかけた。日本艦隊の兵力は重巡「那智」「羽黒」および駆逐艦14隻である。初めての本格的な海戦日本艦隊に沈没艦はなく完勝であった。

　これにより日本軍はジャワ島のバンタム湾への上陸に成功した。ほかエレタン、クラガンからも上陸し３カ所から最重要根拠地バンドンを目ざした。

C　ジャワ島攻略戦――あっさり降伏した連合軍

かくて、ジャワ島攻略に先立つ蘭印要所の攻略を終えいよいよジャワ本島の攻略を開始した。すでに制空権および制海権は完全に日本軍が握っていたため攻略自体は時間の問題であった。3月7日第一挺身隊若松少佐以下決死隊７００名は飛行場攻略に続きバンドン要塞の北中部地区を攻撃した。敵守備数約６０００名であり、無謀な攻撃であった。決死の覚悟の攻撃であったためか、同地区司令官ペスマン少将はあっさり降伏を申し出たのである。ビックリした若松少佐はこれを第16軍今村司令官に伝えるとベスマン少将だけでなく、チャルダー総督、テルポールケン中将の同席を求めた。９日正午、テルポールケン中将はラジオを通じて全面降伏を命令した。かくてジャワ島攻略はあっさり終了した。南方作戦で一番困難と予想されたジャワ攻略戦は結果として大勝利で終わった。これは、インドネシア住民の過酷なオランダ支配に対する強い反発があったためである。インドネシア住民5千万人が日本に味方したようなものであった。そのため、道路に設けた日本軍阻止用のバリケードを築くどころかこっそり撤去し、急ごしらえの日章旗を上げる始末であった。すでに「インドネシア独立委員会」が結成されており、陰で日本軍に協力した。これでは、連合軍が日本軍の倍の兵力でも勝てる要素は少なかったといえよう。１６０２年東インド会社設立以来３００年にわたるオランダのインドネシア支配は終わりを告げたのである。

（６）大戦果総決算

ここまでは見ての通りまさに向かうところ敵なしであり、損害もほとんど受けなかったのである。

『撃滅した兵力』

・連合軍の損害：（捕虜を含む）計約39万人

・日本軍死傷者：　約３万２千人

『撃沈した艦船』

・連合軍の損害・沈没：空母１隻、戦艦６隻、重巡４隻、軽巡３隻、駆逐艦17隻、潜水艦

８隻
・日本軍の損害・沈没：駆逐艦５隻、潜水艦７隻（事故・不明３隻含む）
　右記の通り日本軍は巡洋艦以上の艦船喪失はない。

『撃滅した航空機』（事故損失含む）
・連合軍の損害：約１０００機～１２００機
・日本軍の損失：約７００機　内訳：海軍機約１００機以下（ゼロ戦は約40機程度）
陸軍機約６００機

これは連合国が日本軍を過少評価したことやそれに基づく油断もさることながら、抑圧され続けたアジア人が日本軍を陰に陽に支援したことが大きい。そして多くのアジア人は〝無敵と思われた白人〟が苦もなく日本軍に打ち破られる姿を目の当たりにしたのである。まさにこのときの日本は〝昇る太陽〟そのものであった。

かくて大東亜圏内において白人は追放され、彼らの植民地統治機構は木っ端微塵となった。

アジアは「帝国声明文」で宣言したとおり〝アジア人のアジア〟〝本然のアジア〟となったのである。

第4章　この戦争により日本がもたらしたもの

日本は第3章で見たように破竹の勢いで勝利を重ねたが、結局約3年後の1945年8月15日に敗戦となった。同年9月9日降伏調印式が行われた。しかし日本は戦争に負けたが多くの功績を残したと言える。その功績はアメリカの戦勝国史観、東京裁判史観とそれに追従しようとした日教組による誤った教え、あるいは理由はよくわからないがわざとその部分にはふれないリベラルな先生方の姿勢により日本の大功績は誤解、捏造につながっている。前書「昇る太陽」と本書はそのことを知らしめるのが目的であった。将来がある著名な先生方は語りたくても語れないのであろう。またまた、私がかわりに述べさせていただきます。

1　東アジアの解放　アジア各国の独立、白人時代の終焉

繰り返すが開戦当初のアジアは、日本を除けばタイ国だけが、いわゆる国であった。それ以外は宗主国を持つ〝植民地〟であった。この話は拙著『昇る太陽』（幻冬舎）で長々と述べさせていただいてますが、非常に重要な事柄なので、もう一度端的にわかりやすく

述べることとします。それはこの戦争により多くの植民地が解放され、また解放につながったことである。日本がもたらした最大の功績といえるからだ。それは〝白人時代の終焉〟であった。

（1）東アジア解放の概要

左記に表したのはみてのとおり日本軍により東アジアの宗主国が追放され、各国の独立までの経緯を簡潔に表したものです。中国も日本により半植民地から解放されたのである。

現国名	支配国など（独立への経緯）
フィリピン	―　アメリカ統治（１８９８年〜１９４２年）
	日本軍軍政下（１９４２年〜３年）
	独　　立（１９４３年10月日本軍により独立）
	独立取消（日本敗北１９４４年アメリカ軍により独立取り消し）
	再 独 立（日本敗戦後１９４６年アメリカにより再独立）

※日本軍が育成した軍隊：マカピリ約６０００人

マレー　―　イギリス統治（１７９０年～１９４２年）
日本軍軍政下（１９４２年～５年）
独　　立（１９５７年イギリスから独立）

シンガポール　―　イギリス統治（１８１８年～１９４２年）
日本軍軍政下（１９４２年～５年）
独　　立（１９６３年マラヤと合流しイギリスから独立
１９６５年マラヤ連邦から分離）

ビルマ（ミャンマー）―　イギリス統治（１８８６年～１９４２年）
日本軍軍政下（１９４２年～３年）
独　　立（１９４３年８月、日本軍により独立）
イギリス再統治（日本敗戦により１９４５年８月イギリス再統

治）

独　　立（１９４８年イギリスから独立）

※日本軍が育成した軍隊：ビルマ防衛軍約５万５０００人

インド　―　イギリス統治（１８５８年～１９４７年独立）

日本統治下（シンガポールにおいて１９４２年「インド独立連盟」設立。ほどなく「インド国民軍」設立）

仮政府樹立（１９４３年10月「自由印度仮政府」樹立）

※日本軍が育成した軍隊：インド国民軍約３万５０００人

現インドネシア　―　オランダ統治（１６００年～１９４２年）

日本軍軍政下（１９４２年～５年）

独　　立（日本の支援により日本敗戦２日後の１９４５年8月17日独立）

オランダ再統治を目論む。独立戦争始まる。

インドネシア連邦共和国（１９４６年11月に「リンガルジャティ協定」により成立。国王はオランダ国王）
独　　立（１９５０年８月15日オランダから独立）
※日本軍が育成した軍隊：ペタ（郷土防衛義勇軍）
　内訳：ジャワ約３万３０００人
　　：バリ約２５００人
　　：スマトラ約５０００人
　　：ボルネオ約３０００人

ベトナム　—　フランス統治（１８６２年〜１９４５年３月）
日本軍占領下（１９４１年９月〜１９４５年３月）
独　　立（１９４５年３月日本軍により独立、バオ・ダイ皇帝）
ベトナム民主共和国（日本敗戦後の９月ホー・チ・ミン独立宣言、バオ・ダイ退位）

フランス再統治を目論む。独立戦争始まる。
ベトナム国（１９４９年フランスにより南ベトナムにバオ・ダイ帝擁立）
ベトナム民主共和国（１９７５年内戦に勝利し南ベトナムを併合。全土を統一）
※日本軍が育成、支援した軍隊：インドシナ義勇軍約３０００人

ラオス　―　フランス統治（１８９５年〜１９４５年４月）
日本軍占領下（１９４１年９月〜１９４５年４月）
独立後撤回（１９４５年４月日本軍により独立。８月、日本敗戦により独立撤回）
独　立（１９４９年独立宣言、１９５３年フランスから独立承認）

カンボジア　―　フランス統治（１８６３年〜１９４５年３月）

独　　立（1945年3月日本軍により独立。
1953年フランスより独立承認）

中国（中華民国）— 欧米列強による蚕食（1898年〜1945年の間イギリス・ドイツ・ロシア・フランス・日本などによる租借や租界地による中国本土蚕食開始）

半植民地から解放（日本1940年汪兆銘政権と「日華基本条約締結」1943年1月9日、「日華新協定」により割譲地放棄返還、治外法権撤廃、同年2月24日イタリア、フランス・ビシー政権も割譲地、租界地放棄条約締結、同年アメリカ、イギリスも日本にならって蒋介石政府と同様の条約締結、戦後の1946年にカナダ、ノルウェー、

ベルギーが同様の条約を締結。これにより事実上独立）

※この中国の半植民地からの解放経緯などはほとんど知られていない。

（２）各国の独立までの経緯

「南方特別留学制度」を設ける

前述に示したとおり日本は広大な版図を築き「大東亜共栄圏」の建設を目指した。しかし、その実態はあまり芳しいものではなかった。もともと国力のない日本が戦争をしながら各地域を興隆させるのは無理だったといえる。そういう根本的な事由に加え日本は新興国のため統治のノウハウもなかった。そのため政府として統治において確固たる基本方針もあいまいで軍政も当該地域の軍政庁に任されていたため軍政担当者の適正、能力などにより地域により差異が生じることとなった。しかし、政府として何もしなかったわけではなく日本政府として「南方特別留学生制度」を設け東南アジア全体から指導者的な人材を育成するため国費で日本に留学させた。期間は３年で１９４３年（一期生）１１６人、44

年（2期生）87人が来日した。彼らは戦後、政府や軍、教育界の要職に就いた。

そして何と言っても日本の統治は各植民地に民族意識、独立意識をもたせ、教育も行い、また彼らの軍隊を育成し悲願の独立に大きく貢献したことは疑いのない事実といえよう。日本がかかわったこの独立までの経緯は拙著『昇る太陽』で述べているが日本の功績を示す中核なのでもう一度、どのように実施・支援したのか述べさせていただきます。

①　フィリピン　スペイン、アメリカ、日本と通算4回の独立

１５６５年から１８９８年までスペインの植民地であった。ほかのアジア地域は１８００年代に植民地化されたのに比べると最も早く植民地化された地域である。〝キリスト教化〟と〝強制労働〟および〝搾取〟が行われた。そのため東南アジアで最初の独立闘争が起きた。

１８９８年2月スペインの植民地キューバのハバナ港でアメリカの軍艦「メイン」号が爆沈する事件があり、アメリカ・スペイン戦争が生じた。この戦いに勝利しアメリカはフィリピン、グアム、プエルトリコ、キューバを得た。支配はアメリカにかわったが、

フィリピン人に対する「野蛮人」意識はかわらず過酷な弾圧策をとった。推定2万人の暴徒と10万人の市民が死んだと言われている。このときフィリピン独立運動家エミリオ・アギナルドが「フィリピン共和国」を宣言し巧みなゲリラ戦術でアメリカに対抗した。しかしアメリカはこれに対し1万5千人の部隊を派遣し結局アギナルド将軍はとらえられ１９０２年抵抗は終わった。しかし１９３０年アメリカは統治方針を圧制から融和へと変更した。新大統領ルーズベルトは１９３４年に「１９４６年にフィリピン完全独立」の法案を成立させ、翌１９３５年独立準備政府の大統領にマニエル・ケソンが就任した。また、フィリピン各地に小中学校や大学を開設、優秀なものを地方官吏に登用するなど社会参加の機会も与えた。そのため１９４２年5月にフィリピン解放を掲げて進攻してきた日本軍の〝アメリカ追放〟はフィリピン人にとって必ずしも歓迎するものではなかったであろう。その後の展開を見てもフィリピン軍政は他地域と比べて最悪であった。しかし日清戦争当時から親日派も多く、この時点では同じアジア人として解放の期待はあるに違いなかった。

新たな支配者となった日本は軍政を開始した。日本軍による統治はアメリカとの貿易に依存していたフィリピン経済に大打撃を与えた。軍政によるフィリピン通貨の廃止、軍票の乱発で、３年間で物価は１００倍に跳ね上がった。日本統治はフィリピン人にとって何らいいものを見出せなかった。フィリピンに対してあまりにも無知だったからである。しかし、日本軍は日本に留学の経験がある独立準備委員会で司法長官を務めていたホセ・ラウレルに目をつけた。彼は日本人の社会奉仕、自己犠牲の精神を美徳として尊敬していた。日本は親日派の彼を中心として統治しようとしたのである。日本軍は『フィリピン人のフィリピン』というスローガンを掲げ、アメリカが与えたものでなく『フィリピン自身の手で築いてこそ真の繁栄！』と新政日本は宣伝した。ほかに米比戦争の英雄アギナルド司令官、リカルテ将軍など日本軍に協力する有力者もいたが、稚拙な軍政のおかげで効果は薄かった。このような中で１９４３年７月マニラを訪れた東條首相はホセ・ラウレルに独立を約束した。アメリカが１９４６年に独立させることを約束していたからである。ちなみに戦後、作家の深田祐介氏はラウレル大統領の次男ホセ・Ｓ・ラウレル三世に『アメリカは１９４６年にフィリピンの独立を約束していた。フィリピンが敢えて独立に踏み切る必要があったのでしょうか。』と問うた。ラウレル三世は『深田さんは、植民地に生きる人間の心理がわかっていない。アメリカだって１９４６年になればどう態度をかえるかわからない。宗主国に対し深い不信感があるのです。東條首相の勧めだろうとチャンスはチャンスなんです。』と応えている。

そしてついに10月14日「日比軍事同盟締結」を締結し（これにより日本軍のフィリピン駐留が可能）「フィリピン共和国」（フィリピン第二共和国）の樹立を宣言した。大統領ホセ・ラウレルである。

同年11月「大東亜会議」に独立国として参加した。しかし、アメリカはその支配を回復した。コンスタンティーノ氏は『あれは「解放」ではなく「再占領」でした。アメリカは、再びフィリピンを植民地にするために戻ってきたのです。』（アメリカ軍に協力したフクバラハップは共産主義者として武装解除させている。虐殺も行っている。共産主義者は敵ということであろう。敵は殺すというのなら日本の取った行動と同じであった。）１９４５年8月15日日本が降伏した。同時に日本によるフィリピン独立を取り消した。そして改めて１９４６年4月、事実上〝アメリカの従属国としてのまま〟マニュエル・ロハスを大統領とするフィリピン第三共和国が樹立された。ラウレル元大統領やアキノ議員は日本に亡命した。ラウレルは帰国して上院議長として政界に復帰、日比国交回復に貢献した。ちなみにラウレルは１９４４年10月に日本の敗戦が濃厚となると逮捕されれば死刑の可能性もあったため彼は以下のような遺書を残している。『…日本が負けフィリピンが再び米国の制圧下に入るも、この「大東亜戦争」の影響は必ず将来の東亜における子孫に及ぼしアジア人のアジアなる思想は、到底撲滅せらるべきものにあらず、必ず衣鉢を継いで立つものあるを確信しおれり。』

② マレー、シンガポール　白人帝国の終焉

A　華僑処刑事件

マレーシア半島は1909年までにマレー半島全域がイギリスの植民地となった。「英領マラヤ」と呼ばれた。この「英領マラヤ」は3つの行政区分に分れていた。

「海峡植民地」―　イギリスの直轄植民地で、イギリス人が総督であった。シンガポール、ペナン、マラッカの3州

「マレー連合州」―　各州を統括する連合州政府が設置され、イギリス人統監であった。ペラク、セランゴール、ネグリセンビラン、パハンの4州

「マレー非連合州」―　スルタンが統治者となっていたが、重要国事はイギリス人が顧問とし統治。パーリス、ケダー、クランタン、トレガンヌ、ジョホールの5州

ここではシンガポールについて述べる。1819年イギリスのスタンフォード・ラッフ

ルズがシンガポールに上陸し同地を管轄するジョホール州と条約を結び、貿易港を開いた。ほどなく１８２４年正式にイギリスに割譲されることとなった。その後イギリスはマレー半島の経営にも乗り出し１８９５年右記の「マレー連合州」にあたる前身「マラヤ連邦」を結成、１８８８年ボルネオの北半分もイギリスの保護領となった。そしてやがて全マレーをイギリスのものとした。１９４１年６月時点の「英領マラヤ」の人口は５５２万人で２３８万の43％が中国人であった。中国人（華僑）は白人と同等の権利を与えられ、政治的な発言も一定が保障されていた。イギリスの手先となって在住統治の一翼を担っていたのである。

　１９４１年12月、日本軍がマレー半島に進攻を開始した。マレー人、インド人は歓迎したがやはり華僑は激しく抵抗した。そのこともありシンガポールが陥落してからマレー戦でもシンガポール戦でも華僑部隊〝ダル・フォース〟は全滅もいとわない戦意を示した。解隊の後もゲリラとして抵抗した。日本にとって軍政を敷くうえにおいて華僑を封じこめることが急務であった。日本軍は入手した「抗日華僑名簿」や警察署の記録などで「反抗華僑容疑者名簿」を作成し、約６５００人を逮捕、そのうち５０００名を処刑した。砲撃標示、襲撃誘導などの通敵行為者、抗日団体の指導者、共産党員などが対象となった。この事件の責任者は警備司令官である河村参郎少将で戦後の戦犯裁判で処刑された。ただ、貿易、経営に携わる者が多かった華僑を冷遇・虐殺したことは経済全体に悪影響を与えた。フィリピンで述べたように国力のない日本にとって商売のノウハウだけでなく多くの金を持っていた華僑の扱いをもう少し検討かつ慎重にすべきであったろう。

B　昭南島時代

１９４２年2月17日、シンガポール島の地名を『南方を昭かにする』という意味を持つ『昭南島』へ変更した。ほかの支配地域ではこのような現地の地名を日本名に変更するようなことはしていない。これは大英帝国の植民地支配の象徴であるシンガポールを日本文化的拠点にしようとしたのである。シンガポールにおいて日本語教育が行われ特に力がこめられた。授業の大半が日本語教育であった。「君が代」斉唱や皇居への遥拝が義務付けられた。１９４３年にシンガポール島中央に「伊勢神宮」を模した「昭南神社」が建設された。日本軍の占領期間中に日本文化が広がった。華僑の多くを粛清したためかシンガポールの統治は在住人の不満を買うことは少なかった。

C「昭南興亜訓練所」設立（後に「マラヤ興亜訓練所」と改名）

また、マレー半島においては優遇されていた華僑にかわりマレー人、インド人を優遇し人材育成機関として『昭南興亜訓練所』（後世の要人が多く輩出されている）を設立しマレー人を優遇した。マレー人にとって日本軍の進攻は〝イギリス・華僑の支配を解く救世主〟としての希望を与えた。事実この階層社会を破壊した。1945年8月15日、日本が降伏した。間もなくイギリス軍が再占領したが疲弊したイギリスにもはや元通りにする力はなかった。これは日本がマレー人に高度な教育をほどこしたことも大きい。日本軍によって設立された「昭南興亜訓練所」第一期生であるマレーシア外務省情報センター所長であったニック・モハマドは語っている。『…この戦争によって民族としての政治的な意識が芽生えた。それまで政治を考えることはありませんでした。…独立という意識に目覚めたのです。』シンガポール生まれのアーサー・アレクサンダー・トンプソンは日本統治には批判的であったが『…以前はそんな高い地位は想像すらできなかった。検査官はイギリス人で…警察幹部は、全員が白人。病院もそうだった。修道女もイギリス人で…。白人の下で働くだけだった。』と述べている。

しかし、日本軍の敗北によりイギリスに優遇されていた華僑と日本軍に優遇されていたマレー人との対立が表面化しはじめた。統治の妨げとなるためイギリスは英領マラヤをマレー人中心のマレーとし、華僑中心のシンガポールとに分割した。そしてマラヤ連合（後マラヤ連邦）とした。（後に、シンガポールは、共産化をおそれ再びマラヤ連邦に合併された。）

しかし、独立運動は活発化するばかりであった。１９５７年8月31日、英領マラヤの大部分が英連邦内の一国として独立。１９６３年、英領ボルネオ（ブルネイを除く）が加わり現在のマレーシアとなった。シンガポールは華僑中心社会のため民族対立により１９６５年８月９日マレーシアから分離し現在に至る。東南アジアの経済大国となっている。

③　ビルマ

A　ビルマ英緬戦争敗北

９世紀頃からビルマ族が都を築きはじめ、11世紀に50以上の部族を統一し「バガン王国」を築いた。隆盛を極めたが、インドを植民地にしていたイギリスにインド東部のベンガルの割譲を要求。そのため１８２４年から３次にわたる「英緬戦争」となった。ビルマはこれに敗北し、1886年3月イギリスの植民地となった。ビルマはインド領の一部となりインド副総督に統治されることとなった。「日露戦争の日本の勝利」「第一次世界大戦後に広まった〝民族自決〟主義」はアジア各地での民族意識が芽生え、刺激した。そのため、1937年イギリスはビルマをインドから分離し、自治政府の樹立を認めた。しかし、オーストラリアやニュージーランドと同様の英連邦の自治領とはならず、その時期も約束されなかった。こういったことを背景に1930年頃から『ビルマの主人はビルマ人』という意味の「タキン党」が結成された。青年や学生を中心として結成されそのなかの一人に「ビルマ建国の父」と呼ばれるアウン・サンがいた。日中戦争のさなか日本軍の特務機関「南機関」の機関長である鈴木敬司大佐がこのアウン・サンに接触を試みた（「南機関」は米英による〝援蒋ビルマルート〟を断ち切るために結成された「ビルマ工作機関」）。アウン・サンはイギリス支配打倒が先決との判断から鈴木大佐に協力することとした。鈴木大佐はアウン・サン、ネ・ウイン（独立後の大統領、首相）を含むビルマの若者30人を選び密かにビルマ国外に脱出させ彼らに軍事訓練をほどこし、ビルマに再潜入させ1941年夏頃（12月8日開戦）に武装蜂起させる計画であった。（その後、対日石油禁輸など国際情勢の変化により武装蜂起は中止となった。）中国の広東省の沖の海南島で軍事訓練が行われた。ビルマ独立後の指導的役割を担ってもらうためである。訓練は3カ月の詰込で、朝5時～24時まで休日もなかった。そしてその猛訓練を終えた彼らはタイのバンコクへ移動した。

Ｂ「ビルマ国民軍」の設立

12月28日バンコクで鈴木大佐を司令官、アウン・サンを副司令官とする「ビルマ独立義勇軍（ＢＩＡ）」を結成した。１９４２年1月日本軍のビルマ進攻とともに「ビルマ独立義勇軍（ＢＩＡ）」もともに進撃いく先々で義勇軍志願者を募り当初３００名規模だったのが５０００名まで膨れあがった。東條首相も『ビルマ全民衆を解放して、ビルマ独立を支持し…』と演説したことも後押しした。3月にはラングーンを陥れた。しかし、このラングーン陥落に対し、「ビルマ独立義勇軍」を立てることなく、日本陸軍による解放という形式をとった。実は2月にモールメンにおいて「タキン党」の幹部などとの間で臨時政府を樹立する約束であったが守られなかった。特務機関の鈴木大佐と違い第15軍の幹部は「ビルマ独立義勇軍」は補助的な「謀略部隊」という認識しかなかったのである。そしてさらに第15軍は１９４２年6月にビルマ全土を軍政統治下に置くと発表した。同時に「南機関」は解体となった。これは日本はイギリスに代わる〝新たな支配者〟ではないかと思わせた。すでに解放区域で地方の行政組織を作り始めていた「タキン党」を驚かせ、アウン・サンもビルマ独立義勇軍兵士も失望した。

日本軍が態度をかえたのは、もともと、軍政を司る者はビルマ独立に興味はなかったが、ビルマ領内に石油、タングステンが豊富に存在することが判明したからである。重要資源は日本が直接握っていたいのである。

戦局が悪くなりはじめた。日本に協力させる手立てが必要となった。信用を回復させることが急務となった日本は〝ビルマ独立〟へと方針が傾いた。そして１９４３年３月その最重要人物であるバー・モウとアウン・サンを日本に呼び天皇に拝謁させ、旭日綬章を授与した。その４カ月後の８月に「ビルマ独立」を承認（同時に「日本国ビルマ国軍事秘密協定」が締結され、日本軍の駐留・指導などが可能）した。同時に軍政は撤廃されて「大東亜共栄圏内」で最初の独立国（タイ、満州国を除く）となった。初代首相に東條首相の信任の厚いバー・モウが就任した。ビルマ防衛軍は「ビルマ国民軍」へ改組となり司令官はアウン・サンが就任。国防相も兼任した。（後に反乱を起こすことになる。）そして、同年11月、独立国ビルマは大東亜会議に参加するのである。

しかし独立したとはいえ、日本軍の「内面指導」のもと事実上今までとは大した変化はなかった。そのうえ「南機関」の長であり、ビルマ人の支持を得ていた鈴木敬司大佐は１９４２年７月にすでに転任でラングーンを去っていた。ビルマ人の肩を持ち過ぎるということであった。また、第15軍司令官飯田祥二郎中将も１９４３年３月に異動した。彼もビルマ人から尊敬を得ていたのである。後任の河辺正三中将や牟田口廉也中将はビルマ人の心情に無関心であった。

アウン・サンの心は日本軍に対し〝反旗〟をひるがえす気持ちが固まりつつあった。戦局は日本軍に不利に傾き始めた。１９４４年３月から（～７月）インパール作戦が開始された。補給を軽視した無謀な作戦であったため日本軍の惨敗に終わった。日本軍は南ビルマに追い込まれた。日本軍はアウン・サン率いる「ビルマ国軍」に援軍を要請した。10日後、アウン・サンは「ビルマ国軍」に〝対日反乱〟を命じた。すでに彼は、１９４４年８月（インパール作戦を中止した翌月）に「反ファシスト人民自由連盟」（ビルマ国軍＋共産党＋人民革命党）を結成しておりイギリス軍とも通じていた。アウン・サン率いる「ビルマ国軍」および英印軍は１９４５年５月ラングーンを奪回した。日本のビルマ支配は終わりを告げた。すぐさまアウン・サンはラングーンに戻り軍政を敷いた。あくまで反乱はイギリス軍と交渉するためのものである。現地での交渉は〝ビルマ自治〟を許すというものであるため、アウン・サンはロンドンへ飛び労働党内閣アトリー首相と会談を行いついに「ビルマの完全独立」を勝ち取った。

独立をもたらした一番大きな要素は兵力３万人をこえるまでに成長した「ビルマ国軍」の存在であろう。

４年前の「30人の独立の志士」が堂々たる国軍に成長したのである。それがなければ、いくらアトリー内閣が理解を示す穏健であってもせいぜい〝イギリス連邦の一部であるビルマ自治政府〟で終わっていたであろう。その後アウン・サンはビルマ臨時政府の首相に就任したが１９４７年７月19日暗殺された。その約半年後１９４８年１月４日「ビルマ連邦共和国」が成立した。

１９８１年１月４日ビルマ政府はビルマ独立に貢献したとして、鈴木大佐の未亡人や30の闘士を訓練した川島威伸ら７名に「アウン・サンの旗」という最高の勲章を授与した。こういったことはもっと日本の学校などで教えるべきと思う。

１９６２年30人の志士の一人ネ・ウインがクーデターを起こし独裁政権が続いた。アウン・サンの娘であるアウン・サン・スーチ女史（１９９１年ノーベル平和賞受賞）はこれに立ち向かい軟禁と解放が繰り返された。１９８８年国名を「ミャンマー連邦共和国」に改称した。２００８年新憲法が制定され民主化の道を歩みはじめた。

④　インドネシア

A　「ブディ・ウトモ」「インドネシア協会」を結成

１６０２年インドネシアにオランダの東インド会社が設立された。同社は一旦解散されオランダ本国により東インド政庁が置かれた。以降オランダ統治は〝３００年〟に及ぶのである。１６０９年に香辛料の産地モルッカ諸島を掌握、その後次々にジャワ、スマトラ島にある王国を属国化した。１８３０年には現在のインドネシアにあたる全域を植民地とした。インドネシア人には教育は必要なしとして愚民化政策をとった。集会や団体行動も禁止された。３人以上のインドネシア人が路上で立ち話することも禁止された。しかし、さすがに20世紀に入るとこのような非人道的な政策は国際社会の非難を浴びるようになる。一部のインドネシア人に対し教育を施し、官吏や技術者として社会参加の機会を与えた（約数千人程度）。それは、インドネシア人に民族意識を芽生えさせた。そして１９０４年の「日露戦争における日本の勝利」が民族独立の意識をさらに高めることとなった。この『日露戦争』は有色人種が白人に勝つことにより〝白人の時代に、風穴を開けた〟のである。

１９０８年ついにインドネシアに民族主義団体「ブディ・ウトモ」（１９３５年解散）が結成された。１９２７年７月穏健であった「ブディ・ウトモ」に続き、スカルノは民族政党「インドネシア国民党」を結成した（ハッタも１９２６年政治結社「インドネシア協会」の会長に就任）。しかし、蘭印当局によってスマトラのベンクーレン牢獄に収監されており独立運動は停滞していた。

B　プートラ運動、ジャワ奉公会結成

インドにはマハトマ・ガンジー、チャンドラ・ボース、ベトナムにはホー・チ・ミン、ビルマにはアウン・サン、そして、インドネシアにはスカルノ、ハッタがいた。しかし、１９３３年から逮捕流刑されていた。１９４２年３月９日ジャワ本島における戦いで、支配者だったオランダは日本軍に降伏、追放された。それにより流刑先から解放されたのである。そして、日本軍は町田敬二中佐を班長に宣伝活動を開始した。その中で最初に行われたのが「三Ａ運動」であった。〝アジアの光　日本〟〝アジアの母体　日本〟〝アジアの指導者　日本〟である。このスローガンは「大東亜共栄圏」確立における日本の理念を端的に表している。日本は軍政を円滑に進めるためにはカリスマ性があり国民から絶大な人気を誇るスカルノの協力をとりつける必要があった。スカルノは日本が「アジア解放のための旗手」を全面的には信用していなかったが、独立のためには、日本に力を与えてもらい、また日本がもたらす教育などにより将来幹部となる自身の同志を増やす必要があるため〝日本軍政に協力〟すると述べた。

１９４３年３月スカルノは大東亜共栄圏防衛に協力する「民衆総力結集運動（プートラ運動）」が開始され、それをより発展的・組織的なものとした「ジャワ奉公会」（１９４４年３月）を結成した。また、同時に組織化された「旧慣制度調査委員会」により、インドネシア語もこのときにインドネシアの公用語となった。独立の期待が高まるなかで、１９４３年１月28日の帝国議会で日本軍政下にあったアジアに対し独立させる国を宣言した。宣言された国名は、フィリピンとビルマのみであった。インドネシアは対象外であった。このとき日本は「インドネシアとマレーシア」は〝帝国の永久確保〟としたのである。この両国は石油・ゴムなど重要資源が存在したからである。同年11月５日・６日の「大東亜会議」に招聘されなかった。後に独立を容認するが、この「大東亜会議」に招聘しなかったのは、結果的には失態といえるだろう。日本の唱える〝アジア解放〟が〝アジア人のため〟でなく〝日本のための解放〟という面が確かに透けて見える。しょせん、日本政府や軍部にとって〝聖なる戦い〟より〝戦争遂行そのものの必要性〟が重視されたのである。

しかし、これはアメリカ、イギリスという大国と戦争している現実を考えれば致し方のない面もある。そこだけをとらまえて日本の功績を否定するのは間違いであろう。

C　インドネシア独立――スカルノ日本軍の武器を用いて抵抗

インドネシアは「大東亜共栄圏」内で実施された日本軍政のなかで一番うまく行われた地域である。スカルノは〝日本軍政に協力する〟と述べ、同志であるハッタに次のように語っている。『…我々が勝利し独立を宣言するその日のために、彼らに統治の手綱を握らせておくのだ。』そして、スカルノの忍耐が報われるときが来た。１９４４年サイパン島が失落、東條内閣が退陣した。後を受けた小磯国昭首相が同年９月７日インドネシアを独立させると発表した。『大東亜戦争完遂のため多大の努力を務めてきた。』ということであった。翌１９４５年５月28日「独立準備調査会」が発足、８月９日「独立準備委員会」

と改名。8月11日「独立準備委員会」の長にスカルノが内定した。8月15日に日本が降伏したため17日に独立宣言を行った。悲願の独立であった。このときに詠まれた「インドネシア独立宣言書」の日付は１７８０５と記されている。紀元２６０５年8月17日という意味である。ジャカルタの独立記念塔に収められている。

しかし日本が8月15日に降伏したため、9月8日まず英印軍中心の部隊が上陸。その後を受けてバトンタッチで旧宗主国のオランダがやってきた。インドネシアの独立を認めないこのオランダが再植民地化に乗り出したのである。しかし、インドネシアはすでに独立している。独立後の支援ならともかく、このオランダが再占領（再統治）に乗り出す大義はどこにあるというのか。国際連盟の後にできた国際連合も結局は白人クラブにすぎないではないか。どんな理由があれオランダに大義はない。

インドネシアとオランダとの間で交渉が開始され「リンガルジャティ協定」が両者で結ばれた。

内容は①スカルノ大統領の主権の及ぶ範囲はジャワとスマトラに限定する。②①以外（ボルネオ、東インドネシア）の地域とで「インドネシア連邦共和国」を樹立する。③「インドネシア連邦共和国」はオランダ国王を首長とする。

というもので、この協定は到底受け入れられるものではなかった。これに対しオランダは力で抑え込もうとし警察行動と称し軍を送り込んだ。対するインドネシア軍は「郷土防衛義勇軍（ＰＥＴＡ）」で対抗した。彼らはすでに日本軍により近代的な訓練を受けており、また武器も持っていた。日本軍から武器を〝こっそり譲り受けた〟のである。その引き渡した数は小銃３万５千丁、戦車、装甲車、自動車計２千台に及んだ。また、日本軍の一部はインドネシア独立戦争に加わり指揮もとった。約１０００名～２０００名といわれる。オランダ軍は武器を持って抵抗するインドネシア軍に驚愕した。オランダ軍はもはやなりふりかまわなかった。兵隊、市民の区別なくナパーム弾で都市やジャングルを破壊・焼き払った。インドネシア側の死者は80万人に及んだ。一般市民は60万以上であった。スカルノなども逮捕された。

第二次世界大戦が終わってなおかつこの植民地主義にこだわるオランダに対し世界中の非難が浴びせられた。この〝大義〟なき戦争にアメリカがオランダに経済援助の打ち切りを通告したことで１９４８年８月「ハーグ円卓会議」と称し両者で話し合いがもたれた。オランダが出した条件は前回の「リンガルジャティ協定」より過酷であったといえよう。『自治区・自治区域という名目でオランダの傀儡政権を多数領土内に設ける。』というものであった。

多数の死者を出したスカルノはこの条件を受け入れざるを得なかった。ところがオランダが取り込もうとした自治区や自治地域はやがてすべてスカルノ側に合流したのである。そしてインドネシア全域がスカルノを大統領とする単一国となったのである。１９５０年8月15日、オランダ支配から３００年、ついに「インドネシア共和国」が誕生、悲願の独立を勝ちとったのである。ちなみにこの独立戦争に参加した日本人の戦死者はインドネシアの南ジャカルタ地区にあるカリバタ英雄墓地（国立追悼施設）をはじめ、各地区にある英雄墓地に埋葬されている。

⑤　インド　――イギリスを大英帝国に押し上げた原動力

A　イギリス「東インド会社設立」

インドは古来より高度な都市文明が栄えた地域である。インダス文明は世界4大文明の一つである。１４９８年バスコ・ダ・ガマがインドの西海岸に到着した。そしてヨーロッパ諸国の関心が高まりはじめ、オランダ、イギリス、フランスが相次いでインド交易に参入した。イギリスは１６００年「イギリス東インド会社」を設立した。続けて１６３６年東海岸にマドラス、１６６１年にボンベイを獲得しインドの権益を独占し始めた。１７５７年プラッシーの戦いで、フランス・ベンガル太守連合軍を撃破、翌年カーナテックの戦い、１７６４年ブクサールの戦いでもフランスを破りインドからフランスを撤退させた。イギリスはこの地域で産出される、上質の綿花、紅茶、インディゴ、アヘンの栽培を強要しそれを第三国へ輸出することにより莫大な利益を得ることとなった。本格的な植民地支配が始まると、イギリスはさまざまな法律によりインドの国内産業を妨害、自国の絹製品や綿花製品をインドへ送り込んだ。数千万人ともいわれる人たちが職や土地を奪われた。飢饉による餓死者も出た。

　ついに１８５７年「東インド会社」のインド人の傭兵による〝セポイ（傭兵）の乱〟が起き、さらに各地で大規模な反乱が発生した。翌１８５８年イギリスは「インド統治改善法」を制定し、インド国土の45％にあたる地域をイギリスの直接統治ではなく、地方の「藩王（マハラジャ）」の自治に委ねることとした。また、ボンベイ、マドラス、カルカッタに大学を設置し高等教育を与えた。この国民の教育レベルの向上により、母国の近代化を目指す新しい世代が誕生しはじめた。１８８５年ヒンズー教徒を中心とする政治団体

「国民会議」が発足した。

「国民会議派」のインドの最終目的は〝自治権獲得ではなく完全独立〟である。１９３０年代ここに、国民会議派のモハンダス・ガンジー、ジャワハルラル・ネルー、急進派のスバス・チャンドラ・ボース、ムスリム派のムハンマド・アリ・ジンナーが登場。国民会議派（反英派）とムスリム派（親英派）とは必ずしも足並みが揃ってはいなかった。また、国民会議派でもガンジーとチャンドラ・ボースとは方針が違っていた。ガンジーを師と仰ぐボースには、譲歩を引き出して妥協するという、ガンジーの〝非暴力、不服従〟のやり方は、〝自治権獲得〟だけなら穏健でいいやり方であったが、「インド完全独立」の決定打になるようには見えなかった。急進派のチャンドラ・ボースは『ガンジーのやり方は、世界各国が非武装の政策を心底受け入れない限り、…現実の国際政治の舞台では通用しない。』と考えていた。１９４１年12月8日、日本がアメリカ、イギリスを相手に戦争をはじめたのである。

Ｂ　インド国民軍創設

１９４１年12月８日、日本はマレー半島に上陸した。マレー半島防衛軍は８万８千名であったが、半数の３万７千名はインド軍であった。インド本国で独立運動が高まりを見せておりインド兵の士気は低かった。反乱のムードも漂っていた。日本軍はここに目を付け〝インド独立を支援する〟ことを呼びかけインド兵に降伏を促すことにしたのである。そのため１９４１年９月に藤原岩市少佐を長とする「Ｆ機関」を設立した。しかし、当時のインドの「国民会議派」は「インドと中国の連帯」を強調し、日本を「共闘者として信頼のおける相手」とみなしていなかった。

そこで、タイで地下活動している政治結社「インド独立連盟」に目を付けた。指導者はプリタムシンでチャンドラ・ボースに賛同する急進派であった。プリタムシン自身も武力闘争のためパートナーを求めていた。そのうえ、「インド独立連盟」はシーク教徒の集団であった。英印軍にはシーク教徒が多かったのである。「インド独立連盟」は日本軍の戦闘に同行し、イギリス軍のインド兵に投降と独立運動への参加を呼び掛けること、日本軍はインド独立連盟を護衛しインド独立運動に協力することが決まった。

こうして、日、印の信頼関係が高まったなかで、12月31日、モハン・シン大尉を指揮官とする「インド国民軍（INA）」がマラヤのペラク州のタイピンで誕生した。インドでは8月7日・8日ボンベイで開かれた「国民会議派」の会議で『イギリスがインドの即時独立を認めるならば、インドは〝連合国の同盟国〟として連合軍の駐留を認めるが、為されなければ大衆的な〝非暴力不服従〟を展開する。（インドを去れ決議）』という決議を採択した。しかし、イギリスはこれに対し弾圧をもって応えガンジー、ネルーなど指導者多数を逮捕・拘束した。インド国内では各地で反イギリスのデモや暴動、ストライキが頻発した。プリタムシンは死亡、モハン・シンは軟禁、ビハリー・ボースは指導に自信をなくしていた。新しい指導者が必要であった。そこでドイツでの活動に限界を感じており、日本行きを熱望していたチャンドラ・ボースに期待がよせられた。

C 「自由インド仮政府」の樹立

同年2月ドイツでくすぶっていた、新生インドの指導者ネルー、ジンナーに匹敵する男チャンドラ・ボースは17日東條首相と面会した。彼の高潔な人格と崇高な理念に深い感銘を受け、日本政府がインド独立のための支援を約束した。7月「インドが唯一持てなかったもの、インド独自の軍隊」を閲兵した。「インド国民軍」の司令官となったボースは彼らに対し『チャロ・ディリー（ディリーへ）』と演説した。そして、１９４３年6月にチャンドラ・ボースは重光外相、東條首相に「自由インド仮政府」樹立を提案、日本は、アンダマン諸島、ニコバル諸島を〝仮政府の領土〟として与え、10月シンガポールにおいてチャンドラ・ボースを首班とする「自由インド仮政府」が樹立された。ドイツ、イタリア、タイ国、クロアチアなど9カ国が承認した。この「自由インド仮政府」は米英へ宣戦布告を行い太平洋戦争（大東亜戦争）に参戦。

１９４３年11月の大東亜会議にオブザーバーとして参加することとなる。

ちなみに教科書でチャンドラ・ボースが取り上げられることがなく、ガンジーのみが取り上げられるのは、彼の運動が非暴力・不服従の平和の精神に基づいているからであろう。教科書に取り上げるにふさわしいからであろう。でももう一つある。日本と行動をともにしたチャンドラ・ボースを教科書に取り上げることは、すなわち、あの戦争、そして日本の行いを正当化することにつながるからだ。

D　インド独立

――チャンドラ・ボース「インド国民軍（ＩＮＡ）」を率いてインド進攻

インドの独立は大東亜圏内のほかの諸国の独立と違い日本軍の軍政が敷かれたのちに独立した国ではない。もう少し詳しくいうと、日本軍によりインドを支配していたイギリス軍を撃破追放したわけではない。それでは〝インパール作戦（「ウ」号作戦）〟とその後の経緯をたどりインド独立までを見てみよう。

ビルマ独立のところで少し触れたがこのインパール作戦は戦史家児島襄氏の著書『太平洋戦争』によると〝一挙三得〟を狙っての作戦だと述べている。その三得というのは①ビルマ安泰に役立つ②援蒋ルートの遮断③インドの反英運動を激化させ、イギリスの脱落を図る。である。

そしてチャンドラ・ボースが本作戦実施を強硬に主張したのである。「自由インド仮政府」の領土は日本軍により与えられたアンダマン、ニコバル諸島という島である。彼は島ではなくインド領内の土地を望んだ。インパールをその領土とし、〝自由政府〟の本拠としたいと要求した。彼を絶賛する東條首相兼参謀総長は１９４４年１月７日作戦の認可を与えた。インパール作戦は彼の存在なくしてはあり得なかったかもしれない。

そして1944年3月インパール作戦は開始された。当然インド国民軍も参加した。兵力は約6000人である。インド進行中に敵であるが同胞とぶつかった場合ヒンディー語で『我々は「インド国民軍」だ。撃つな！　日本人に対しても！　インド独立のために戦っているんだ。』と叫んだ。こうして敵のインド兵を味方につけた。しかしイギリス軍もグルカ兵を前面に出すことでこれに対抗したが、インド国民軍の存在がインド人の心に印象づけた。これが、インド独立へ後押しすることとなるのである。

しかし作戦そのものは、ボースの期待を裏切ることになる。日本軍は当初は順調であったが英印軍は制空権（空輸による補給確保）を活かした粘りと反撃で日本軍は補給困難に陥った。6月に雨季に入ると枯渇と飢餓で攻撃は頓挫した。それでも作戦は7月まで続けられたが日本軍は惨敗した。

インド国境を越え進撃していたチャンドラ・ボースはしぶしぶ〝次の機会〟を諭され撤退した。しかし次の機会は永久に来なかった。日本は1945年8月15日降伏した。同じく「インド国民軍」も降伏した。

そして終戦3カ月後の11月にイギリス軍はオールドデリーにあるレッド・フォートに尋問センターを設けた。軍法会議により「インド国民軍」を裁くためである。インド人が見守るなかで彼らを裁くことでイギリスの威信を高め正義を見せようとしたのである。実のところ「インド国民軍」全体を裁く以上公開裁判にせざるをえなかったであろう。しかし、これがイギリスにとって命取りとなった。長らくイギリスの支配下にあったインド人の積もり積もった鬱積がこの軍法会議によって爆発するのである。

　ガンジーの愛弟子であり独立インドの初代首相になるネルーは次のような声明を出した。

『反乱はインドの義務だ。もし自らを解放するために革命を行う用意のない民族があるならば、其れは死んだ民族だ。』

　裁判が進むにつれ裁判に対する抗議のデモ、ストライキが頻発した。１９４６年２月ボンベイで全インド水兵が反乱を起こした。ユニオンジャックが引き摺り下ろされた。陸軍、空軍にも伝播した。もはや、危険をはらんだインドを統治する余力はイギリスになかった。イギリス・アトリー首相は下院でインドに臨時行政府の設置を認めた。また、憲法制定も英連邦に留まるかの選択はインド人の自由意思にまかせるとした。完全独立は目の前であった。

　しかし、ここへ来て宗教対立が表面化しはじめた。分離独立を望むムスリム連盟と統一したインドとして独立を望む会議派との対立は解消不可能となった。カルカッタでヒンズー教徒とイスラム教徒で衝突があり死者5千人を数えた。ついにネルーも１９４７年４月憲法制定会議で分離独立もやむなしとした。ムスリム連盟も妥協した。ついに１９４７年8月15日インドは独立した（インド、パキスタンに分離独立。ちなみにパキスタンは14日独立）。

インド国会議事堂のホールにガンジー、ネルー、チャンドラ・ボースの三人の肖像画が掛けられている。また、チャンドラ・ボースの遺骨は東京都杉並区の連光寺に収められており毎年8月18日に法要が行われている。平成9年（１９９７年）インド独立50周年の式典が行われた。インド国民の戦友会（ＩＮＡ委員会）は日本に感謝を示すため靖国神社に感謝状を奉納している。

⑥　ベトナム・ラオス・カンボジア　１９７５年まで続く独立闘争

A　日本仏印進駐

19世紀に入ると欧米列強の魔の手は現在のベトナムに及んだ。後に仏領インドシナと呼ばれることになるフランスの軍門に下る。当時のベトナムの王朝は阮朝（グエン朝）であり１８６２年フランスとの間で第一次サイゴン条約を締結、ベトナム南部（コーチシナ）の東３省が割譲され、１８６７年にコーチシナ西部３省も併合された。（両者併せて「コーチシナ直轄植民地」とした。）１８６３年クメール王国（現カンボジア）を保護国とし、１８８７年「インドシナ連邦」を成立した。１８９３年ビエンチャン王国のメコン川以東およびチャンパサック王国領（併せて現ラオス）を「インドシナ連邦」に統合した。これに対し１９０４年儒学者ファン・ボイ・チャウが「ベトナム維新会」を結成、闘争を開始した。しかし、これらの運動は厳しい取り締まりにあい、独立運動は低調であった。

　１９３７年７月、日中戦争が始まった。中国への英米の支援ルートの一つはハイフォン港から雲南鉄道へとつながる仏領インドシナルートであった。日本はフランスへ取り締まりを要請していた。フランス本国がドイツに屈服した。南フランスに親ドイツ政権であるビシー政権が成立し、新任のベトナム総督ジャン・ドクーは１８４０年７月、仏領の援蒋ルートの封鎖を受け入れた。そして、日本軍はルート遮断を完全なものとするため同年９月北部仏印進駐が行われた。さらに翌年の１９４１年７月、アメリカとの戦争に備えて南部仏印進駐が行われた。ベトナム全土が日本の占領下に入った。

B　フランス軍完全追放！　ベトナム独立

現在のベトナム・ラオス・カンボジアを合わせて仏領インドシナは政治・行政はフランス、軍事面は日本といった形で統治が行われていた。しかし、１９４４年６月連合軍が北フランス海岸のノルマンディーに上陸を開始、作戦成功によりフランス本土は解放され親ドイツのビシー政権は崩壊した。それに伴い仏領インドシナにおいてもフランス軍に不穏な空気が流れ始めた。フランスは日本をベトナムから排除するチャンスをうかがっていた。逆に日本は日本でフランスの完全排除をうかがっていた。

日本は終戦５カ月前の１９４５年３月９日に〝仏印処理〟と称し一気に奇襲・軍事行動に出た。『明号作戦』と呼ばれる。作戦は戦史に残るぐらいの大成功をおさめ、仏印下において形式的な皇帝であったグエン朝13代皇帝バオ・ダイをベトナム国の皇帝に就かせ独立を宣言させた。悲願の独立ではないにせよ、ここにどんな形であれフランスの支配は終わりを告げたのである。

ベトナムにおいてフランスが敗北したことを知ったカンボジアのシアヌーク国王は３月13日独立を宣言した。最初、フランスの敗北を信じなかったラオスのシー・サワーン・ウオン国王も４月８日独立を宣言した。この時点において大東亜圏内で〝白人が統治・支配する地域〟は完全に消滅したのである。

しかし、独立したとはいえ、連合軍の空襲は激しく、鉄道が破壊されたことにより南部からの食料・物資が途絶え、日本軍による米の厳しい徴収は餓死者を生じさせた。日本軍に対する不満が募りはじめた。この機を逃さない者がいた。ホー・チ・ミンである。ベトナムでも彼の名は大いに知られていた。支持者も多く同年5月10日反仏・反日である「ベトナム独立同盟会（ベトミン）」を結成した。ホー・チ・ミンはこれまでの経験から、力のあるものに対し、まともに闘争することは避け独立に向け機会をうかがっていた。日本軍による『明号作戦』によりフランスは追放され、それをもたらした日本軍も1945年8月15日連合国に降伏した。ホー・チ・ミンは日本降伏後の18日ベトミンおよび共産党とともに総蜂起に出た。ベトナム皇帝バオ・ダイを退位させ（8月革命）9月2日ハノイで「ベトナム民主共和国」の独立宣言がなされた。

悲願の独立であったが、インドネシアのオランダのごとく、フランスも再統治をもくろんだ。フランスもオランダも何の権利があってこのようなことが許されるのか？　果たして10月2日フランス軍はサイゴンに上陸した。これによりベトナムは、北部はホー・チ・ミン率いるベトナム人の独立地域、南部はフランス軍支配下の地域に分かれた。一応、1

９４６年２月28日と３月６日両者で話し合いが行われ「ハノイ暫定協定」が締結された。これによりインドシナ連邦の一部として「ベトナム民主共和国」の独立とトンキン湾のフランス軍駐留が認められた。フランスは南部（南ベトナム）に〝傀儡政権であるコーチシナ共和国〟を成立させた。これに対しベトミンは独立闘争を決意、元日本軍義勇兵を教官に迎え「クワンガイ陸軍中学」を設立し近代戦に備えた。また日本軍義勇兵の６００名が加わったのである。１９４９年６月、フランスは傀儡政権ではなく正当性の保持のため、またもやバオ・ダイ皇帝を担ぎ出し「ベトナム国」を成立させた。しかし、ベトミン軍の攻勢は増すばかりで、フランス軍はアメリカの支援を受けていたが後退するばかりとなった。ついにフランスは１９５３年11月20日北ベトナムのディエンビエンフーに１万５千名を空輸し決戦をいどんだ。しかしベトミン軍の前に１９５４年５月７日降伏した。この戦いは植民地軍が近代軍に本格的な戦闘で勝利した戦いであった。この敗北により両者で平和交渉が行われ「ジュネーブ協定」が成立、とりあえず北と南に北緯17度線でベトナムを分離した。１９５６年６月ついにフランスは80年に及ぶベトナム支配から手を引いたが、なんとアメリカが後を引き継ぐことになった。ジュネーブ協定により１９５６年ベトナム全国統一選挙を行う予定であったがベトナムの共産主義化を恐れるアメリカは同意せず実現しなかった。ベトナム民主共和国（北ベトナム）は〝南ベトナム解放戦線〟を組織し、解放闘争を始めるのである。かくてベトナムは今度はアメリカとの泥沼の（ベトナム）戦争に突入していくのである。

１９７５年ホー・チ・ミンはアメリカにも勝利し全ベトナム全土を統一した。１９７８年さらにカンボジアをめぐり中国との戦争（中越戦争）に突入１９９１年ソ連の仲介によりカンボジアから撤退し戦争は終結した。１９８６年ベトナムはドイモイ（刷新）といわれる経済改革により社会主義にとらわれない解放経済を展開し１９９５年ＡＳＥＡＮに加盟し国際的地位を上げた。

以上が「大東亜共栄圏」内における各地域の独立までの経緯である。見ての通り日本は戦争遂行という最優先課題があったこと、もともと国力および資源がないこともあり、かえって住民の生活を悪くした面もあったが、従来の宗主国の軍を含む統治機構を破壊し修復不可能としたのも事実である。何と言っても、各住民に独立意識を持たせ自国の軍隊を保持するに至らしめたのは大功績といえようか。

⑦　中華民国　半植民地からの解放（知られざる日本のもたらした功績の一つ）

　ここでもう一つ述べておく必要がある。中国である。日清戦争に敗北した後、中国は欧米列強の草刈り場と化した。租界地や租借地などがあちこちにあり、国土は内戦につぐ内戦状態であり各軍閥と日本を含む欧米列強とが結びつき国家の体をなしていなかった。半植民地であった。この様な状態の国がどのようにして脱出できたのか、詳しくはわからないがこういうことであろうという私の考えを述べさせていただく。

　それは日本の中国進出が影響している。日本の進出により欧米列強の進出が押さえ込まれる形となったといえる。特に日中戦争により中国全土に戦域が及ぶとバラバラ状態の中国国内が統合されてゆき、日本対中国の図式が鮮明になっていきそして日本が敗戦となった。連合国の一員だった中国は（内戦は生じても）、欧米列強からの進出はなくなったのである。

　そしてもう一つの大きな事由がある。中国が真の独立国であるとする条約を日本が締結するのである。日本は汪兆銘政権と１９４０年「日華基本条約」を締結し１９４３年１月に「日華新協定」を締結し治外法権の撤廃、特殊権益撤廃、租界地放棄を決めたのである。

これは日本が例え一部の政権に対してであるが中国を自主の国と認めたことである。これに続きイタリア、フランス・ビシー政権もこれに倣った。そうなると〝正義の国〟〝正義の戦い〟を標榜する米、英も従わざるを得ず、同年３月同様の条約を蒋介石政権と締結しなければならなくなり締結したのである。日本降伏後の１９４６年に５大国になった中華民国とカナダ、ノルウェー、ベルギーが同様の条約を締結した。ついに中国はきれいな体になったのである。しかし、これまでの中国に対する戦勝国の扱いは何だと言いたい。蒋介石はなぜ日本と手を結ばずに米英と手を結んだのかと言いたい。何が５大国だ！　香港は返還されなかった。もし日本が率先して治外法権撤廃、割譲地放棄をしなかったら現在も続いていたかもしれない。確かに日本がこのような措置をとったのは中国の真の独立を支援するためのものではなく戦局悪化にともない結束を図るためのものであったろう。だから日本の行為を評価しないという考えは間違ってはいない。しかし、そういう見方をするならばすべてに言えることであろう。相手の国を真に思う気持ちだけで国策がなされた例などあるのだろうか？　大事なことは『その意図ではなく結果的にどういう影響を与えたということがより大切である。』

　この蝕まれた中国に半植民地からの独立のもとを作ったのは、日本である。日本の功績をもっと知らすべきであろう。大功績であろう。

しかし、次のような疑問が生じるであろう。台湾、朝鮮、満州国はどうなのか？　なぜ解放しなかったのかと。このことについて、別章で述べたいと思う。

2　「大東亜会議」――日本が主催、主導した有色人種で最初の国際会議

『太平洋戦争（大東亜戦争）が始まる前は、アジアにおいてこのような会議が催されることなど想像すらできなかった。』ビルマ代表バー・モウ

日本がもたらした大きな功績のもう一つは「大東亜会議」の開催である。この会議にオブザーバーとして参加した「自由インド仮政府」代表のチャンドラ・ボースは言う。

『大東亜会議は、これまでの幾多の国際会議と全然本質を異にする。一つの家族パーティーだった。大東亜における新しき諸国家間の秩序建設を確立した』と。

これまでの国際会議は、勝者と敗者、強者と弱者による分け前の取り決め、成果の分配の取り決めのようなものであり、この「大東亜会議」は紛れもなくそれとは異なった会議であったことは間違いない。

このような雰囲気のなかでアジア史上、いや有色人種史上はじめての国際会議が開催されたのである。

(1)「大東亜会議」開催さる！

欧米諸国の植民地の対象、あるいは収奪の対象でしかなかったアジア地域の国が、日本の東京において〝国際会議〟なるものを開催するのである。日本により１９４３年11月５日・６日東京で史上初めての有色人種のみの国際会議、『大東亜会議』が開催されたのである。

学校では有色人種初の国際会議は１９５５年４月インドネシアのバンドンで開催された「アジア・アフリカ会議」(バンドン会議)と言われている。しかしこの会議の前に１９５４年４月にスリランカにおいて「コロンボ会議」が開催されている。インド、スリランカ、インドネシア、パキスタン、ビルマの５カ国で開催された。この会議が「バンドン会議」

を促した。しかし、やはりこういったアジア５カ国で会議が持てたのは各国が独立していたからである。そして何よりもこの「大東亜会議」の存在が大きかったはずである。我々も国際社会の一員であるという意識を持たせたことである。外務省参与としてこの「バンドン会議」に出席した加瀬俊一氏はこういっている。『…その会議に行くとね、あちらこちらからアフリカの代表、アジアの代表が出てきてね「よく来たね！」「日本のおかげだよ！」と大歓迎でした。「日本が大東亜共同宣言というものを出してアジアの解放を戦争目的とした、その宣言がなかったら」…』。

この「大東亜会議」の意義を改めて考えるべきであろう。

(2)「大東亜会議」開催まで

この「大東亜会議」実現の立役者は、プラン中華民国大使重光葵、実行東條英機首相である。第一章で見たように１９４１年12月８日にはじまった「太平洋戦争（大東亜戦争）」は、戦線各地で圧勝し、フィリピン、インドネシア、ニューギニア、東南アジア全域を掌中に収めた。そのため占領地の支配外交の対応の必要が生じたのである。軍部、興亜院、企画院は東條内閣に「大東亜省」設置を提案した。「大東亜省」設置は、実際の必要性にかられてのものであるが、もう一つは大東亜会議の開催である。この会議開催のプランナーである重光葵は『日本の戦争目的は、東亜の解放、アジアの復興であって、東亜民族が植民地的地位を脱して、各国平等の地位に立つことが、世界平和の基礎であり、その実現が即ち、戦争目的であり、この目的を達成することを持って日本は完全に満足する。』と述べており、『自存自衛のための戦い』のみでなく〝この戦争の目〟を〝この戦争の理念〟をより〝明確にかつ崇高〟なものにする必要があると考えた。そして重光は当時中国大使であり「対支新政策」として傀儡政権のイメージがぬぐえない汪兆銘政権（中華民国政府・南京政府）に対し中国の治外法権の撤廃、日本軍の撤兵を約束する協定を結んだ。この新政策は〝内政干渉を行わず、自主性の尊重〟を基本としていた。（後に１９４３年１月「日華新協定」により中国における特殊権益撤廃、租界地などを返還した。これにより、ドイツ、イタリアが続き、アメリカ、イギリスも同様の内容の協定を蒋介石政権と締結した。これにより、中国は反植民地国から事実上独立した。そのきっかけをつくった日本の功績は大きいといえよう。どういうわけか。学校では一切教えないが。

　この政策を大東亜共栄圏内にも拡大し、その基本骨子の理念を具現化し米英の「大西洋憲章会談」に対抗しようとしたのである。１９４３年４月東條にこの構想の意見書を提出した。東條首相はこの重光構想に感銘を受け実現に向け精力的に行動することとなる。フランスの政治学者を修めたロベール・ギラン氏はこのへんのところを次のように述べている。

『外国の思想を輸入し、西欧からその文明を借りてきた国民、鏡の機能を持った国民は初めて地球の一角を〝自らの思想〟をもって照らそうと望んでいたのである。』まさにそうであろう。この会談は持ち回りの「Ｇ７会議」の主催とは違う。日本が〝自らの思想〟を以って主催・主導した最初で最後の国際会議であろう。私としては、早く憲法9条を改正し〝自らの理念〟を持った、こういった国際会議を主催してほしいものだ。それが経済大国3位の使命ではないのか。

　東條首相は重光中華大使からの提言を受けたことにより、谷正之に代え１９４３年４月重光葵を外相に就任させた。

　そして、１９４３年3月再び南京の汪兆銘と会談。同月東京に戻り、バー・モウにビルマ独立を示唆。4月に満州国張景恵を訪問、5月にはマニラを訪問。すでに独立準備が進められており、10月の独立を示唆する。また、この5月は御前会議で「大東亜政略指導大綱」が決定され正式に大東亜新政策が確立された。

6月には来日したチャンドラ・ボースと会談、インド独立闘争支援を約束した。7月にタイを訪問。マラヤ4州および旧タイ領のケントン、モンパンの二州の失地回復を手土産にピブン首相と会談した。

同月ビルマのバー・モウと会談、そしてインド独立連盟大会にて再びチャンドラ・ボースと会談。そのときに、インド国民軍を閲兵。インドネシアのスカルノと会談した。

このように東條首相は精力的に、〝大東亜共栄圏の理念〟を世界に向けて発信・明確にする「大東亜会議」実現に向けて突き進んだ。

（3）各代表は何を語ったのか？

1943年11月5日東京にて「大東亜会議」が開催された

まず開会の辞を開催国である日本代表総理大臣東條英機が述べた。

『大東亜の各国が共同して、大東亜の安定を確保し、共存共栄の秩序を建設することは各国使命であると確信する。…大東亜の各国は相互に自主独立を認める一方、同胞としての友誼を確立しなければならない。』

そして

・議長推薦が行われた。タイ国代表、フィリピン代表が東條を推薦、満場一致で決定。

・イロハ順による各国代表演説

それでは、各国それぞれの代表演説を聞いてみよう。

A　中華民国代表：汪兆銘国民政府行政委員長

『日本は中国に対し、早くも租界を還付し、治外法権を撤廃し、日華同盟条約を締結した。国父孫先生が提唱せられました大亜細亜主義は、すでに光明を発見したのであります。…重慶は他日必ずや、米英に依存することは東亜に反逆することとなり、同時に国父孫先生に反逆することとなるべきを自覚し……。東亜各国はおのおの、その本然の特質を持つがゆえに、自主独立を確保し、また互いにその自主独立を尊重することが必要である。』と述べた。後に『これで自分は歴史に面をむけることができた。』ともらしている。

B　タイ国代表：ワンワイタヤコーン首相代理（タイの首相ピブンは病気を理由に欠席）

『タイ国内閣総理大臣ピー・ピブン・ソンクラム元帥閣下は、現在の健康状態が東京への長途の旅行を許さずして、…（タイの政治責任回避を巧みに述べ）東亜に恒久的繁栄をもたらす原則は相互の独立と主権を尊重し互恵の基礎に立って、相互の経済関係を増進し…タイ国が日本に援助を求めるとすれば、それは戦争完遂のためのその経済力を維持する上において必要とするものに限られているのであります。』と述べた。

C　満州国代表：張景恵国務総理大臣

『（満州国建国以来10年の産業の発展を自画自賛する。…）悪声を放つ阿片吸引の風習は、今日では極めて僅少となった。…痛感することは、大日本帝国の終始かわらざる仗義であります。…この際私は、東條首相閣下が「満州国の今日の発展充実は取りも直さず大東亜全域の明日を示すものである。」と叫ばれたことをもって、想起せざるを得ない。』と述べた。試験ならば百点満点の回答であろう。

D　フィリピン代表：ホセ・ラウレル大統領

『…十億の東洋人、十億の亜細亜人よなぜに御身らの多くは米英に、圧迫されたのであろうか。……大東亜共栄圏の確立は、政治的独立および領土主権を承認することによって発展を遂げるのであり、発展の結果生ずるある国の繁栄を、ある特定の国が独占することはあってはならない。』と述べさらに言葉を続けた。『日本は単に自国民のみならず、大東亜民族の為に戦いつつあるのであり、…東亜の同胞が滅び苦しむことを幸福とするものでない。…』と述べている。知日派のラウレルは日本を名指しした。岡倉天心の〝アジア主義や新渡戸稲造の武士道〟に感銘を受けつつもフィリピンにおける軍政は支離滅裂で正視にたえなかったからである。

E　ビルマ代表：バー・モウ総理大臣

『私の胸に浮かんで参りますのは…西洋において出席を余儀なくされた。よそ者がよそ者の中にいる感じであった。…古代ローマにおけるギリシャ人の如き奴隷の感をいだいた。本日この会議における空気はまったく別のものであります。…多年、私は亜細亜の夢を見続けてまいりました。…私は夢のなかで、亜細亜がその子供に呼びかける声を聞くのを常としたが、今日この席において、私は初めて夢に非ざる亜細亜の呼び声を現実に聞いた。…我々多くの者が長い間さまよい、救いを求めて与えられなかった荒野から、我々を救い出してくれたのは、東洋の指導国家日本であります。』と述べ、インド解放の重要性について述べ、東亜中央組織体の必要性を述べた。

以上のように各国代表者が代表の言葉を述べた。確かにこの会議は、何か具体的な議題や問題点があり、それを討議するような会議ではなかったのは事実である。しかし、その代表者の言葉には〝自主独立〟というものがすべての参加国に貫かれている。日本の占領下にあるとはいえ〝心の内〟にあるものを述べているように思う。この時代に、このような会議が持たれたことは繰り返すが意義あることである。

この後「大東亜共同宣言」が採択されることとなった。議場には若槻礼次郎、近衛文麿、米内光政、岡田啓介、広田弘毅など首相経験者、現内閣閣僚、枢密院、貴族院、衆議院正副議長をはじめドイツ大使スターマー、イタリア、ハンガリア、ブルガリア、ルーマニア、スペイン、デンマーク各国公使が傍聴席に参列した。この会議のハイライトにふさわしい陣容であった。

しかし残念なことに親日で一番軍政がうまく機能していたインドネシアは招かれなかった。日本にとってインドネシアは石油の宝庫であり直轄管理としておきたかったのである。また、マレーシア、シンガポールも同様に招かれなかった。世界のゴムの9割を握っておきたかったからである。戦争遂行という優先課題があるとはいえ残念である。「大東亜会議」を茶番劇と批判する口実を与えたことはくれぐれも残念である。中華民国の汪兆銘政権および満州国は日本の傀儡政権および傀儡国家といわれていた。タイは完全な独立国であるが、代表には首相のピブンは出席しなかった。日本の敗戦を見越してのことである。フィリピンおよびビルマは日本によって〝（内面指導つきの）独立国〟となっていた。開催時期も戦局が傾きはじめた１９４３年11月ということから、ただ単により一層の日本への戦争協力を求めたものに過ぎないとの指摘もある。その通りであろう。しかし、どんな形であれ、植民地としてその国の存在を否定された国が、実際にその国の代表者として、マイクの前に立った感触および喜びは筆舌につくしがたいのではないか。間違いなくこの会議は参加者にアジアの独立、民族意識に影響を与えたはずである。

またこの会議について、前出のフランスのロベール・ギランは次のように述べている。

『…作り物の熱狂のなかに帰国していったこれらの操り人形の国家元首たちは、とにかく一つの火花を持って帰ったのであり、その火は彼らの死後も生き延び、日本帝国の残骸を越えてアジアを燃え立たせ続けることになるのである。』

（4）「大東亜共同宣言」採択

『抑々世界が其の所を得相より相扶けて万邦共栄の楽を偕にするは世界平和確立の根本要義なり然るに米英は自国の繁栄の為には他国家多民族を抑圧し特に大東亜に対しては飽くなき侵略搾取を行い大東亜隷属化の野望を逞うしついには大東亜の安定を根本より覆さんとせり大東亜戦争の原因茲に存す

大東亜各国は相提携して大東亜戦争を完遂し大東亜を米英の桎梏より解放してその自存自衛を全うし左の綱領に基き大東亜を建設し以て世界平和の確立に寄与せんことを期す』

一、大東亜各国は協同して大東亜の安定を確保し道義に基づく共存共栄の秩序を建設す

一、大東亜各国は相互に自主独立を尊重し互助敦睦の実を挙げ大東亜の親和を確立す

一、大東亜各国は相互にその伝統を尊重し各民族の創造性を伸張し大東亜の文化を昂揚す

一、大東亜各国は互恵の下緊密に提携し其の経済発展を図り大東亜の繁栄を増進す

一、大東亜各国は万邦との交誼を篤うし人種差別を撤廃し普く文化を交流し進んで資源を開放して世界の進運に貢献す

以上が「大東亜共同宣言」である。一種のスローガンのような感じである。理念のみである。思想、信条プラス経済といった事柄に触れるような内容が盛り込まれていたならば「大西洋憲章」に対抗できたかもしれない。ここに近代という観点に立つと欧米との差を感じる。

しかし、〝人種差別撤廃〟が宣言に盛り込まれている。アジア人の集まりだったからこそ宣言に盛り込まれているのである。1943年11月6日、午後零時55分満場一致で「大東亜共同宣言」が採択された。

この「大東亜共同宣言」の採択のあとビルマ代表であるバー・モウより「自由インド仮政府」として参加していたスバス・チャンドラ・ボースに発言を求めた。インドと深く結びついており隣に位置するビルマにとって、この魅力に満ちたチャンドラ・ボースの発言は不可欠であったのであろう。チャンドラ・ボースは立ち上がった。そして次のように述べた。

『「大東亜共栄圏」の建設はアジア民族、全人類の重大関心事であり…強奪者の連盟に非ずして真の国家共同体への道を拓くものである。』さらに続けて『「大東亜共同宣言」が全世界の被抑圧国民の憲章たらんことを祈る。』最後に『出席者各位は、新日本、新アジアの建設者として永く其の名を歴史に留められるであろうことを、私は確信するものであります。』

と締めくくった。

拍手が鳴り止まぬなかを、続いて東條が立って述べた。

『…帝国政府と致しまして、目下帝国軍の占領中のインド領でありまする「アンダマン諸島」および「ニコバル諸島」を、近く自由インド仮政府に帰属せしむるの用意ある旨…。本席上において闡明致す次第であります。』

ここに「自由インド仮政府」は領土を得たわけである。

こうして11月5日、6日と2日間にわたる「大東亜会議」は参加者熱狂・興奮の内に終了した。

(5)「大東亜共同宣言」と「大西洋憲章」

「大西洋憲章」と「大東亜共同宣言」の目的は、連合国と日本国、両陣営においてこの戦争における『自国の陣営の正当性を示したい』という点において私はまったく同じだろうと思う。

宣言内容自体はどちらも問題ないであろう。よく日本の「大東亜共同宣言」は後出しだ、という批判があるが、この「大西洋憲章」も第二次大戦開始から約2年を経過しての宣言であり同じであろう。

「大西洋憲章」の基本骨子が今の国際連合（戦勝国連合）憲章の基本理念となる。内容は要約すると以下のとおりである。

①アメリカ合衆国と英国の領土拡大意図の否定
②領土変さらにおける関係国の人民の意志の尊重
③政府形態を選択する人民権利
④自由貿易の拡大
⑤経済協力の発展
⑥恐怖と欠乏からの自由の必要性（労働基準、経済的向上および社会保障の確保）
⑦航海の自由の必要性
⑧一般的安全保障のための仕組みの必要性

これはルーズベルト大統領の政治理念が色濃く反映されている。せっかく決めたこの8

項目について、真摯に実現に向けて世界が邁進しておれば、今の世界はずいぶん違ったものになっていただろう。

それぞれの項目について意見を言わせていただくと⑥項は新しい概念の実現を目指している。確かに日本の「大東亜共同宣言」より素晴らしいといえる。

③項について、最大の植民地帝国のイギリスにとって③項の内容は明らかに矛盾する内容ではないか。これは、イギリス議会でも問題になり、③項についてチャーチルは適用範囲は〝ドイツに奪われた白人国家〟とした。いや、せざるを得なかったのである。

④項は何なのか？　ブロック経済政策に対する反省なのか？

⑧項は枢軸陣営国に対する後の「敵国条項」と5大国に与えられた「拒否権」だろう。私にいわせれば「一般的安全保障」ではなく、「主要戦勝国国益確保保障」を確定したかったのが本音だろう。

もう一つ言わせてもらう。人種差別撤廃が述べられていない。「白人の白人のための会談」だといえるだろう。

私は高校のとき、授業で先生が「大西洋憲章」について話したのをハッキリ覚えている。

『連合国は素晴らしい理念を持ってこの戦争に臨んだ。』と言わんばかりであった。高校教科書の指導要領に従ったのであろう。それならば〝日本もアジア解放〟という素晴らしい理念を持って臨んだではないか。

どういうわけか「大東亜共同宣言」や「大東亜会議」は授業で一度も聞いた記憶がない。「帝国声明」はまったく知らなかった。なぜなのか？

戦後の1965年国連において「人種差別撤廃条約」が採択された。これは間違いなく、かつて日本が「国際連盟」の総会において、そしてこの日本の「大東亜共同宣言」において「人種差別撤廃」を提案、宣言したことが功を奏しているはずである。

こういった功績は無視されている。なぜなのか？　実際のところその理由は何なのか？本当に考える必要がある。

また「大東亜会議」については教科書や参考書によっては記載されているが、この「大東亜共同宣言」については記載されているのを見たことがない。逆に「大西洋憲章」はまず述べられている。この「大東亜会議」は戦前のいや現在においても日本国のなした大きな功績の一つに違いない。「大東亜会議」が茶番だというのはそのようにしか見たくないからであろう。見たいものだけを見たいのだろう。

この「大東亜会議」を評価しない人の主張の一つは、〝ただ、悪化する戦局を打開するために大東亜圏内の結束と協力を得るためにしたものだ。〟というものがある。事実であろう。しかしこの当時のいや現在でもこういった国際会議なるものは、もともとそういうものではないのか。「大西洋憲章会談」ごときもいうなればイギリスが〝アメリカの協力を得たい。同盟国を募りたい〟がために、実行する気もないくせにこのようなものを宣言したといえる。

ただしアメリカはある程度本気だったであろう。だいたい自国の国益や利害がからまないのに他国のためにのみ国際会議や会談を行った例があるのだろうか。

この「大東亜会議」は後の「アジア・アフリカ会議」につながるのである。通称「バンドン会議」と呼ばれ〝世界で最初の有色人種のみの国際会議〟と教えられている。

確かにこの会議の議長を務めたスカルノがそう述べたのであるが、スカルノは日本協力者という批判があったためと、まだまだ旧戦勝国に対する忖度があったと思われる。この会議にはオブザーバーとして日本も参加しているがメンバーの一人加瀬俊一（外務省参与）は他国の参加者から『我々がこういった会議をもてたのは日本のおかげだ。』と言って、『こっちへ来てくれ、私のところへ来てくれ。』と言って大歓迎を受けた。と述べている。

こういった大功績を日本人がまったく知らないというのは異常と言えまいか。

第5章　日本の植民地？　統治の実態

日本の植民地統治について

台湾、朝鮮、満州国の三国はある意味すでに日本により解放されていたといえる

日本の残した功績はまだある。その〝共生の精神〟に基づく植民地統治である。

日本も欧米列強にならって植民地なるものを持っていた。大きく台湾、朝鮮、満州国である。私が高校生のとき授業で『…日本の統治により朝鮮は史上最悪の時代を迎えた…』というような内容の説明をされていた。これも教科書の指導要領に従ったのであろう。正直高校生であった私は少し疑問に感じた。伊丹市は在日の方が多くいた地域だった。けれども彼らと接していて実感として、先生の説明は違和感を覚えたのをよく覚えている。ただそれだけであるが。事実はともかくとにかく植民地統治＝悪、収奪、搾取、虐殺というイメージが定着している。これはおそらく第二次世界大戦の反省がもたらした産物であろう。イメージについてはそのとおりの面が多いがすべての植民地統治にあてはまるものであろうか？　日本の統治は欧米列強と少し違うように思う。では実際のところ、その日本の統治実態はどのようなものであったのだろう。他民族を統治する以上は収奪、搾取、強

制といったものがついてまわるのは避けえないが、私が思うには日本が敗戦を迎えたこともあり、繰り返すがさらに悪いイメージでその内容は誇張されているように思える。しかし日本の統治の実態は奪うばかりの〝収奪型〟いわゆる欧米型ではなく、強いて言うなら〝共生型〟といえるのではないか。では三国それぞれの実態をのぞいてみよう。

この三項目については黄文雄氏の著作を中心にほかの著作を参考にして述べさせていただく。

（1）台湾

①日本の台湾統治の実態その１　「化外の地」から近代国家へ

Ａ　日本台湾制圧　「台湾民主国」崩壊

１８９５年４月、下関条約により遼東半島（後返還）、台湾、澎湖諸島を獲得した。日本はさっそく台湾総督に軍令部長樺山資紀大将を任命し近衛師団とともに台湾に向かった。戦争に勝ったとはいえ台湾は日本の制圧下になかった。樺山大将は１８７４年に台湾出兵の際、同地を調査している経験を持つ。そのために彼が選ばれたのである。

しかし、台湾は一部の平野以外は他国の支配下に入ったことはなく〝事実上独立地域〟といえた。そのため地元の有力者たちは日本の領土となることを拒否し台湾省長官の唐景崧《ソン》に独立を迫り１８９５年5月25日「台湾民主国」として独立を宣言した。あえていうならば「大日本帝国」対「台湾民主国」という構図になる。日本軍は5月29日に基隆に上陸し６月７日には台北を占領した。何のことはない。あっさり「台湾民主国」総統の唐景崧は大陸へ逃亡した。６月17日には台北で「台湾総督府」を設置した。しかし、依然として地元民の抗日意欲は強くこの後は日本軍もかなりてこずることとなる。もともと住民同士の抗争などで戦闘能力は高く各集落は防御機能を有していたからである。そのうえ、不衛生な水、風土病も加わった。そのため日本軍の兵力は増強され総兵力は７万６千名となった。精強無比の日本軍ですら苦戦するのであれば清国など大陸からの軍隊では一部だけの制圧におわったのは無理もないだろう。10月21日には台南を攻略し「台湾民主国」は消滅した。樺山総督は11月18日台湾平定宣言を行った。この後も抗日軍の抵抗は続き、まして山岳地帯は手付かずの状態であった。すべて制圧したのは１９０５年近くであった。おそらく日本が初めて完全に台湾を制圧した国であったろう。かくして日本はこの「化外の地」に文明を注入するのである。

B　日本の統治開始

・警察制度の確立

近代化に不可欠な要素は何と言っても社会が安定していることである。それがなければ、経済の発展も法治社会の実現も不可能であろう。日本による統治開始により匪賊的な存在は取り除かれ村同士や住民同士の諍いや大陸からの侵略や略奪も消え失せることとなったのである。正確に言うと平地は１９０３年、山地は１９１９年に完全に平定されている。完全平定される前に１８９８年に警察機構が設立された。やがて警視総長が設けられやがて全国に支庁が設けられた。警察は犯罪の取り締まりだけでなく、衛生運動、納税の催促、職業訓練など生活にかかわるあらゆる面をカバーした。日本が台湾に確立した警察は台湾の守護神であった。

・医療・衛生環境の改善

前述したように台湾は「瘴癘（風土病）」の島であった。オランダから台湾を取り戻した鄭成功ですら１年後に病死している。日清戦争における日本軍の死者は軍夫を含め２万人（病死が9割）に及んだが、そのうちの半数が台湾平定時のものである。日本統治以前の台湾の医療は、漢方の薬草や道士や巫女のまじないや祈りといった程度のものであった。

日本は１８９５年6月に「基隆病院」を設置し、医師一人、薬剤師9人、看護婦20人をさっそく送り込んだ。2日後に「衛生委員会」を組織し「大日本台湾病院」（現在台湾大学付属病院）を立て続けに設立した。第四代総督児玉源太郎時代（１８９６年）に病院経営が安定化し医療機関が充実した。また医療衛生の知識を普及させるために医師養成も試みられた。衛生指導と医療行為のできる人材の育成に力を注いだ。台湾公医規則を制定し指定された地域に診療所をつくり受け持ち区内を明確にし衛生改善、治療などを充実させた。また日本はアヘン対策も行っている。アヘンを国の専売制にして管理を徹底させ当時17万人いたアヘン患者は５００人以下となった。そして医学校を設立し「台湾医師免許規格」「台湾汚物掃除規則」などの医療・衛生環境改善につながる規則を発布したのである。

また、衛生、防疫環境改善に欠かせないのが上下水道の建設・整備である。日本はすでに江戸時代に江戸は上下水道は完備されていた。これは世界一であろう。当時の台湾は『家屋の周囲または庭内には不潔な汚水が流出し、…水がたまり…あるいは人民犬豚と雑居し、…至るところに糞便を排散し、…』という状態であった。日本の内務省東京帝大の講師のイギリス人ウイリアム・バルトンと弟子の浜野弥四郎が１８９６年台湾にやってきた。バルトンは総督府に台北の上下水道システムを設計提出した。彼は病で倒れたが浜野がその遺志を継いだ。この台湾水道の開祖と言える二名により、45年後の１９４１年１５６万人に水道水を提供できるまでとなった。こういった日本の努力により50年後の１９４５年において平均寿命は30歳から60歳へと飛躍的に向上したのである。

こうしてみると改めて当時の清国が「台湾」を割譲したのが理解できる。到底まともな経営などできないと踏んだのだろう。

・食料事情の改善

当時の台湾は右記のような状況でありながら台湾への密航が相次ぎ人口過密の状態であった。食べ物が十分に行き渡らなければ統治以前の問題である。しかし台湾は新田開墾の土地もないため、水利技術による生産性向上、米の品種改良しかなかった。日本と比べ同じ面積からの収穫量は三分の一であった。台湾総督府は当時４００種もあった在来米を品種改良して１９２０年に「蓬莱米」を完成させた。これにより、生産量は何と4倍増となった。そして、サトウキビが台湾の主要産物であったが稲作と拮抗するようになったのである。１９３０年代に入ると「蓬莱米」（台湾の古称で蓬莱仙島から命名）は日本に輸出されるまでとなった。

また、日本は従来のサトウキビの生産性向上も目指した。農学博士でもあった新渡戸稲造が台湾に渡り、品種改良、工作方法の改良に着手、成熟期を異にする品種を栽培するなど季節に左右されず一年中稼働できるようにした。また土木技師であった八田與一は嘉南大シュウに巨大なダム（通称八田ダムと呼ばれた）をつくりまた水利灌漑も整備し不毛の地であった嘉南を穀倉地帯にかえた。昭和に入るとついに生産量は当初の7倍に跳ね上がったのである。

・交通網の整備

台湾は高山国である。南北に３００メートル級の山が２５８もある。一番高い山は現在玉山と呼ばれ標高３９５２メートルである。富士山より高い。日本はこの山を新高山となづけた。真珠湾攻撃を命じた〝ニイタカヤマノボレ〟のニイタカヤマはこの山のことである。山の高さでは日本よりうえであったが、河川も多くあり道路と呼べるものはなかった。路は石塊がごろごろ転がっており馬も歩けなかった。そのため島内の物流は天秤棒で担ぐか浮舟か筏であった。清国も19世紀初めごろに軍用道路の建設を試みたが原住民の襲撃や山崩れ、疫病で中途で放置されたままであった。

そこで日本の工兵隊が軍路として荒野や森林を切り開き台湾で初めて公道を敷いた。たった３カ月で何と４３０キロの道路を建設した。１９００年「道路設備規則」が公布された。重要度にあわせ道路幅１・８メートル、１・８〜３・６メートル、７・２メートル以上の道路というふうに三等に分けた。最終的には合計１万７千キロメートル建設されたのである。

また当然鉄道も敷設された。最初の建設は１８８７年ドイツとイギリスの技師によってはじめられた。基隆〜新竹まで約１００キロメートルの区間である。しかし、住民の反乱、経費不足などにより途中で放棄された。やはり社会が安定しなくては何事も進まないのである。樺山総督自ら台湾鉄道隊長を務め、途中で放棄された基隆〜新竹間を開通させた。建設資材は日本から輸入した。１８９８年に「台湾鉄道会社」を設立した。そして基隆〜高雄（４５０キロメートル）間の台湾縦貫鉄道を９年かけて完成させた。１９４４年末までに本線、側線合わせて総延長１６２５キロメートルが開通した。台湾は鉄道の時代を迎えたのである。

・貨幣経済へ

また日本は台湾の貨幣制度も確立している。１００種類以上の通貨が流通していた。交易の際は額面ではなく重量で決められた。価格も地域により異なっており交易は物々交換に近かった。１８９９年「台湾銀行」が設立され、１９０８年「貨幣法」が施行された。台湾の貨幣は統一されまた〝交通網の整備〟と相まって、商品経済が浸透したのである。やがて人的、物的な交流が盛んになり台湾近代化の基礎となったのである。

・教育の充実

「化外の地」台湾にもオランダ人、スペイン人による布教活動に伴って教化活動が行われていた。表記はローマ字であった。鄭時代は学院や学堂を建てたりしていた。清に入ると漢文教育で科挙受験勉強中心であった。また、当時は教える書房が少なく教師の使命感も乏しかった。当時の台湾の人口は約３００万人で書房での生徒数は約１万７千人に過ぎず、割合は１％未満であった。台湾は平地部族と山地部族に分かれそれぞれ十数の言語があった。そのため結果として日本語が共通の言語となった。逆に日本語が共通の言語となったために近代科学知識が植え付けられやすくなったのである。日本人は西洋科学用語や学術用語をすべて日本語（和製漢語）で表していたからである。そのような中で１８９５年総督府学務部長であった伊沢修二は台湾での義務教育を主張した。台北市芝山岩に初の小学校を設置した。多くの困難を乗り切り初等教育は国語伝習所、台湾語伝習所、公学校、蕃人小学校、小学校、中等教育は国語学校内に鉄道科、電信科が設けられた。１９０７年国語学校から高等中学校、高等女学校、専門学校等が設立された。１９２８年には台北帝国大学が設立された。１９４４年当時の初等学校の就学率71・２％に及んだ。国民学校（蕃人公学校と小学校を統合）の数は９４４校となった。日本に次ぐアジア第二位の就学率となった。

②日本の台湾統治の実態その２

これまでの記述は着々と「化外の地」台湾を日本が近代国家に仕上げる事績ばかりを述べてきたが実際のところ生活面や社会面から見た台湾はどうだったのであろう。

Ａ　霧社事件

１９１９年頃までには完全に日本に制圧されたこともあり、台湾は前述のとおりインフラ整備、環境・医療改善、教育の充実が図られていた。しかし、１９３０年10月27日に霧社セデック族のモーナ・ルダオを中心とした襲撃事件が発生した。霧社各地の駐在所、霧社公学校の運動会を襲撃した。襲撃した部族民は和装の日本人を標的とした。犠牲者は１３４名（台湾人２名）に及んだ。ことの発端は10月７日、日本人巡査が移動中に、たまたま村の結婚式にでくわした。村落のリーダーの長男（タダオ）がその巡査を招き入れようとしたところ宴会の不潔を嫌うあまりタダオをステッキで殴打した。そのためタダオはその巡査を逆に殴打した。このことにより日本の警察の報復をおそれた原住民側が蜂起したとされる。しかし、それだけの理由でこれだけの事件が起こるとは思えず、その背景には日常の差別待遇や出役（強制的な労働）などでかなりの不満がたまっていたと考えられる。

日本軍は事件２日後に霧社を奪回し11月４日までにほぼ鎮圧した。12月８日にタダオは自殺した。最終、霧社族は７００名が死亡、５００名が投降した。では具体的にどのような差別があったのか。初等教育においては日本人の通う学校と、現地人の通う学校と区別され、設備・人員面で差別があった。公的機関では一定以上の昇進は望めなかった。日本人の所有する企業も同じであった。係長か給士であったのである。インフラ整備や医療・環境整備の面の充実だけでは不満は解消されないのであろう。

この事件は台湾総督府に強い衝撃を与えた。原住民に対する統治政策を改革・修正する必要が生じた。農地への定住化と米作の普及である。また教育面も同化教育が行われ日本人、現地人共学制が採用された。日本人に有利な試験制度も是正された。

Ｂ　皇民化政策

よく言われる皇民化政策は統治当初から実行されたのではなく戦争遂行のため必要にかられて実施されたものである。隷属を目的としたものではない。１９３７年から皇民化政策が推し進められたのである。この年の７月７日にいわゆる日華事変が勃発したのである。総力戦をおびる近代戦遂行のためには日本統治領内からの寄与が求められたのである。日本の統治を評価しない面の一因といえるであろう。また攻撃の材料とする政策といえよう。

この皇民化運動は大きく四つに分けられる。

①国語運動　②改姓名　③志願兵制度　④宗教・社会風俗である。

①については日本語使用を徹底させようとするもので各地に日本語講習所が設けられた。家庭においても日本語使用を奨励した。

②改姓名については強制ではなかった。ただ、社会的地位の向上に影響した。朝鮮でも同じ施策が奨励されたが実際に改名したものは少なかった。

③については終戦の年には徴兵制が採られた。21万人が戦争に参加し3万人が戦死した。④については中華風の結婚や葬式は神前結婚、寺葬に改められた。そのため、寺廟は取り壊され神社に改築された。

そのほか標準時間も統一され台北時間が東京時間に変更された。

いわゆる日本化が進められたといえる。それは必ずしも隷属化を意味するものではない。近代化そして直面している戦争遂行に資するためには日本化しかないといえる。当時の日本の明治維新以来の近代化を見れば、日本化＝近代化という図式が当てはまる。そのため日本でやってきたことを多少強引でも当てはめようとするのは、ある意味当然であろう。しかし、これが日本の植民地統治を批判する一つの材料となっていることは間違いない。他国を統治することの難しさと言えるだろう。

(2) 朝鮮　日韓併合

『…両班は国家と民衆を食い物にして私腹を肥やすことしか考えていなかった。』

『朝鮮の政治社会』グレゴリー・ヘンダーソンより。

①日韓併合

１９１０年日本は朝鮮を併合した。再び独立を失ったのである。朝鮮は１８９４年に下関条約によって清国から（いや1千年にわたる中国から）解放された。そして１８９７年「大韓帝国」と国号を改めた。それがまた日本によって失われることとなった。そのきっかけとなったのが「ハーグ密使事件」である。１９０５年韓国保護条約を締結し「韓国統監府」をおいた。これに不満を持つ高宗はハーグで行われている万国博覧会議に密使を送りこの韓国保護条約無効を訴えたのである。表面上は日本を信頼しているふりを見せ裏では背信行為を行っていた。すでに述べたように日本は朝鮮を支配統治しようという意思はなかった。清国からの〝くびき〟を断ち切ることにより〝自主の国〟になることを期待し改革案を提示した。それが日本および東アジアの安全のためであった。しかし長い間〝半主〟の国であったものが一朝一夕にかわるはずがなく日本が保護国にならざるを得なかったのである。この「ハーグ密使事件」により日本は、この国に支援やアドバイスといった方法では自主変革は無理と判断し併合に踏み切ったのである。

それともう一つ付け加えておくと日韓併合は日本による一方的な強制ではない。条約の手続き上の問題はともかく朝鮮の一般大衆の人たちからの支持運動もあったのである。なかでも李容九、宋秉畯を指導者とする「一進会」である。政治結社「独立協会」と「維新会」が合併して「一進会」を設立、そしてさらに東学党のなごり「進歩会」を吸収したものである。会員100万人と称されているが10万人程度と思われる。しかし朝鮮最大の政治団体である。日露戦争のときには日本の後方支援を行ったりしている。いわゆる〝親日派団体〟である。李容九はこの国を救うには『…韓国皇帝のすべてを日本天皇陛下に移譲することがもっとも現実的な方策だ。』として日韓併合を叫んでいたのである。ほかに国民同士賛成会、国民義務賛成会、紳士協議所などが日韓併合に賛同している。次に述べる当時の朝鮮の現状を見ればこういった運動がおこる現象は大いに頷ける。一方で「一進会」は日本が日韓併合を推し進めるために無理やりつくった団体だといわれるが、百歩譲ったとしても会員10万人規模になるはずもなく彼らの活動状況からして日韓併合を心から望んでいたと思われる。もし無理やり作った団体なら逆に裏で妨害行為を行ったであろう。

この日韓併合は欧米列強の支持を得た。アジア安定のためであった。

Ａ　当時の朝鮮

朝鮮は台湾と違いいわゆる一つの国である。国王も官僚も存在し当然統治するための機関もあるにはあった。しかし、その環境など国状は前述の台湾とかわるところがなかったといえよう。国の体をなしていなかったのである。日本併合前の王朝は李氏が支配する王朝で１３９２年李成桂により打ち立てられた。１９１０年の日韓併合まで約５１８年続いた。徳川２７０年の比ではない。『国王は27代（徳川幕府は15代）に及んだ。しかし、その３名は政争、抗争に敗れ死の憂き目にあい、２人の皇太子が殺され何と16名の王子が処刑か殺害されている。また多くの皇族も処刑、流刑、幽閉に見舞われている。』（加耶大学客員教授崔基鎬の著書「日韓併合の真実」より要約。）徳川の時代においても多少はあったかもしれないが、その抗争、政争の凄まじさは比べものにならないだろう。国王盛宗のときに実権を握った勲旧派と士林派の対立は約１００年も続いた。また、宣祖のときは最終勝利を収めた士林派が分裂し西人と東人に分かれ主導権を争った。さらに東人派は北人と南人に分裂した。そこには和そうとする意図はなくただ自派が主導権を握りたいだけであった。「彼らにとって政治とは党派を組んで相手を蹴落とすことであり、いつ自分がどんな憂き目に遭うかわからないから結局自分だけの繁栄を考えるようになった。公共精神が育つはずがなかった。法が軽んじられ勝つことが正義となった。」（『韓国堕落の２０００年史』（崔基鎬））現在の朝鮮も基本的には同じように思える。

身分制度も厳格であった。皇族、両班、中人、常人、賤人と区別されていた。支配者階級は両班（文班、武班）であり科挙試験に合格した特権階級であった。受験対象者は世襲化され門戸は開かれていなかったのである。それでも純粋に学力で採用されるならまだしも合格相場というものがあり下級官僚を目指す小科なら3万両（約３００万円）上級官僚の大科（文科・武科）に合格したければ10万両（約１０００万円）を収める必要があった。（『日韓併合の真実』（崔基鎬））彼らは農・工・商に従事せず広大な土地を私有し世襲した。無為徒食の輩と同じで宮廷で空理、空論に明け暮れ実学を軽視し肉体労働を軽蔑していた。儒学の影響であろう。このような者たちが中央から全国に派遣された。そんな中で収奪されるだけの民・百姓は疲弊し据え置かれた。また商業を軽視したため町に店などなくあっても行商人が営む小さな店舗程度があるだけであった。経済に活気など生まれるはずもなく町というところがあっても華やかさも娯楽もなく、ましてや町人文化など芽生える余地はまったくなかったといえよう。日本が進出した当時は事実上朝鮮の国家財政はこのような中で破綻していたのである。

（参考）日韓併合後による朝鮮の人口の推移

李朝末期（日韓併合前の１００年）
・１７７７年　１８０４万人
⇐　何と減少している。
・１８７７年　１６８９万人
（『日韓併合』（祥伝社）崔基鎬より）

日本統治期の人口の推移
・１９１０年　約１６００万人台
⇐　大幅に増加
・１９４５年　２５５３万人
（『近現代史集中講座台湾・朝鮮・満州編』（徳間書店）黄文雄より）

人口の推移だけでは一概にいえないが李朝時代が民、百姓にとっていかに過酷な時代であったかを示す指標といえよう。

Ｂ　日本の朝鮮統治の実態

このような国にメスを入れたのであるからこの朝鮮という国は、既述したように島であった台湾と同じような内容になる。ある意味一つの国として恥ずかしいことであろう。

・国土、資源開発調査

朝鮮は洪水や旱魃が恒常的に発生する半島であった。数時間の豪雨で年間降雨量の半分が降り土地も岩山で保水性が悪く、そのため米作は村落近くの良田だけであった。ロシアの探検家パーブエル・ミハロビッチ・ジェトロビチは１８８５年当時の状況を『朝鮮旅行記』に記している。

『どこまでいっても禿山と赤土ばかりで、草もすべて燃料のため刈り取られている。』『山地が痩せていて、昨年もたくさんの餓死者が出た。』『…樹木はほとんど皆無で、燃料には藁と草…』と続く。もともと、今だけよければいいという国民性もあり〝植林〟の習慣もなかった。歴代王朝は収奪するだけで何も手を打とうとしなかった。いわゆる〝地球最後の秘境〟であった。日本はこの地産治水問題解決に力を注いだのである。

まず朝鮮総督府は豪族や官僚が欲しいままに私有地化する朝鮮全土に土地調査を実施した。その結果耕地面積は４８７万余町歩の結果が出た。これまでは公称２７２万町歩となっていた。この約１１０万にも上る「隠結（隠田）」はすべて整理された。続けて林野調査も行った。全国の71%を占める林野がありながら、木材は輸入に頼っていた。伐採ばかりで植林しないため成林が少なく、また交通が不便で放置されたままであったのだ。総督府は15万１０２８ヘクタールに何と5億本の植林を行った。この植林は治水のうえでも、防災のうえでも効果があり砂防工事もあわせて行われたのである。

・農村振興政策

このような国土調査の後朝鮮開拓の手始めとなったのが農業生産性向上を目指す振興運動である。１９０５年現在、生産性の高い南朝鮮でも日本と比べると半分以下であった。それも品質も悪く米作技術も低かった。総督府は日本から15回にわたり農民を招致した。定員の６０００名には満たなかったが日本人農民の優れた技術と取り組む姿勢は朝鮮人のモデルとなった。朝鮮の生産性が低いのは技術面だけではなく、これまではいくら働いても両班や地主に搾取されるだけであったから午前中だけ農事に従事するありさまであった。働いても意味がなかったからである。日本の農民の姿勢と「新田開発」運動により家族全員で農業に従事するようになり、勤労意識が創出され、また女性たちも参加するようになった。日本本土の内地米と競争もおこり品質も向上した。それは農業だけでなく日常の必要品が急増し経済にも影響を与えた。

１９１０年現在朝鮮の米収穫高は約１０００万石であったが１９２８年には１７００万石、33年１９００万石と倍増した。これまでは一度も１０００万石すら超えることがなかったことを思えば考えられないことといえる。

C　交通網などの整備

朝鮮は約7万ほどの村で各々自給自足で成り立っている国であった。極度の中央集権国家であることもあり地域的な発展活動は生まれにくく自閉的で人・物の流れはあまりなかった。また、物流の基盤となる交通網がまったく発達していなかった。台湾と同じである。基本的には庶民のために何かを本格的にすることはなく収奪だけであった。道幅は狭く、交通手段はカゴ、朝鮮馬のみで何と荷車はなかった。車の製造技術がなかったからである。橋も橋といえるものはほとんどなかった。これは反乱や対外侵略の際攻めにくくする意味もあったらしい。国力を増強させ敵を撃退するという発想はなかったのであろう。

このような状況のなかで日本は鉄道、道路、港湾などを建設した。鉄道建設は日韓併合前から開始され１９０４年に鉄道会社ができ京釜線がはじまった。１９０６年総督府に「鉄道管理局」が置かれた。日韓併合までに建設した鉄道距離は１０３９・７キロメートルに及んだ。乗客数に目を移すと１９１０年は約20万人であったが、１９４４年何と1億人を突破している。かくして朝鮮はアジア第二の交通発達国家となった。もちろんこういったインフラ整備は大陸進出のためという意見もある。いやそのために整備したともいえるであろう。しかし、この当時どこの国家もインフラ整備は軍事的な面を考慮するのはいわゆる必然といえる。その面のみでこういった功績を否定するのは正鵠を得た論評ではないだろう。

また、水資源の利用も考慮した水力発電所の建設も手掛けた。金剛山、赴戦江、長津江、虚川江などに設けられた。実業家野口遵がこの水力発電に大きな功績を残した。なかでも鴨緑江に設けられたダムは17万キロワットの出力量で日本にもなかった。さらに、地下資源開発も力を注いだ。何とすでに英・米・独・仏により採掘が行われていた。ただ、朝鮮は地下資源が豊富な国でないため満州の資源開発にとってかわられた。このように朝鮮は農業社会から産業社会へ変革を遂げたのである。

D　ハングル文字の普及

両班の崔万里は言う。『日本やモンゴル、チベットなどには独自の文字があるが、それは野蛮な地域だからだ。我々が独自の字を持ったら、彼らと同様に野蛮人になってしまう。……』

公用文はすべて漢文であった。ハングル文字は軽視され一般民衆には普及しなかった。

そういったなかで朝鮮が世界一と称するハングル文字を朝鮮に普及させたのは実は日本であったのである。朝鮮に近代国民教育を広め、また清国の文化から離脱させ独自性をもたせるためにはハングル文字の普及は必要不可欠であったのである。日韓併合後の１９２０年に「朝鮮語辞典」が総督府によって完成した。公文書で〝漢字とハングル交じり〟の新訂国文が公布された。ハングルは歴史的蓄積に欠け言語体系が未熟のため初等教育で学ばせるのは非常に苦労したが成功した。併合当時は朝鮮の初等教育は書堂というところで行われ実学はなく漢籍と習字だけでしかも学童数は１万６千人に過ぎず人口の１％であった（台湾０・６％）。しかし、このような受講内容では例え就学人数を増やしても朝鮮の近代化になんら寄与しなかったと思われる。工・商を軽視した儒教のせいである。総督府は内地と同様な近代教育確立を目指し、近代的な学校を次々に建設した。１９４４年には普通学校５２１３校生徒数は約40万人に達した。１９２４年には京城帝国大学が設立された。日本の名古屋大、大阪大より早かったのである。このような日本の教育政策はほかの近代化政策と合わせ今の韓国の発展の礎となったといえる。

Ｅ　財政改革

日韓併合時点ですでに朝鮮は国家破綻していた。朝鮮王朝も財政改革のためロシア政府から財政顧問を招いたが改革実行には至らなかった。改革に必要とする借款を列強から受けられなかったためである。当時の朝鮮は人間に例えればいったん誰かに支えてもらわなければ立つこともできない状態であったのである。日本ならば低利子で抵当もなく借款が可能であったのである。総督府はすでに述べたようにまず土地調査を開始し「隠田」を整理した。「隠田」は１１０万町歩に及んでおりその分、今まで土地税収はなかった。こういったことを改革するために大蔵省主税局長であった目賀田種太郎が総督府財政顧問として朝鮮にやってきた。また、「三政（地税・兵役・還穀）紊乱」が進行し官吏の不正により途中で徴収した税が消えてしまっていた。実質的に租税徴収ができていたのは京畿道のみであった。ロシア国境のハムギョンドなどは直接国境の防衛費にあてられた。目賀田種太郎は戸籍調査により「隠田」以外にも「隠戸」の調査も行った。このような改革により土地税収は２７４万９千円から開始３年後の１９０７年の税収は５３１万８千円と跳ね上がった。こういった成功は日本銀行から低利で融資を受けることができるようになった。１９０６年５０００万円、１９０８年２３００万円である。

また貨幣制度の改革にも着手した。李朝時代の通貨は葉銭、白銅貨の二種類があった。大きさ、品質はバラバラであった。純度も、重さもバラバラであった。とにかくかさばり、重たくて日本の１円50銭にあたる葉銭は７・５キロ分の重さになり運搬や数えるのに困難をきたした。もともと、貨幣流通社会でなかったためであるが近代化の足かせになるため目賀田は日本と同様の金本位制を導入し、新貨幣を発行し、紙幣も日本と同一にすることとした。大韓帝国銀行が１９０９年設立され貨幣制度も引き継がれた。

F　身分制度の撤廃

朝鮮の改革についてあれこれ述べてきた。この辺にしておきたいがこれだけは述べておきたい。評論家黄文雄氏がリンカーンの奴隷解放以上といわれる〝朝鮮の身分制度の撤廃〟である。すなわち王族、両班、中人、常民（平民）、賤民の五段階から成り立っている。常民は農・工・商階級で租税・労役・兵役・貢物の義務を負わされていた。また職業選択の自由もなかった。賤民は奴婢・俳優・医者・巫女・白丁で構成されていた。商工業に従事する者の多くは奴婢であり、奴婢は一種の財産であり売買の対象になった。最下層の白丁は農民にさえ差別された。支配階級の両班は常民に対し殴りたければ殴り放題で常民は財物などを取られても文句も言えない状態であった。しかも両班は「科挙試験」があるとはいえ事実上世襲であり、またそれぞれの身分もインドのカースト制度並みの厳格さであり、地位や身分は能力、才能、努力とは無関係な世界であった。これでは発展も進歩もあるはずがなかった。すでに述べたが勤労意欲など醸成されることはなかった。今も北朝鮮はこの身分制度が復活している。日本はこの撤廃に着手したのである。以前に独立派の金玉均は１８８４年の甲申政変を起こしたおり改革に着手し「四民平等」を宣言した。日本の明治維新に倣ったものであったが政変そのものが三日天下に終わりこの改革は失敗に終わり、国王の命令で元に戻された。朝鮮総督府は階級差別廃止（地域差別もあった。東北・西北地方は差別された。）が断行された。門閥廃止、万民平等を目指した。この断行により万民は戸籍を許された。移動は自由となり、人口の40％を占めていた奴婢も姓氏を持つようになった。しかし、５００年に渡って続けられてきた差別が簡単に解消されるはずがなく、地域差別は今でも続いている。ソウルに人口が集中するのは利便さだけではないのだろう。基本的に少数の特権階級？のために大衆が存在するという構図は現在でも同じであろう。北朝鮮はまったく李氏朝鮮の復活といえようか。それはすなわち後に述べるが日本の敗戦による、連合国の朝鮮解放は朝鮮国民にとって本当に良かったのか疑問である。

朝鮮に関しては〝創氏改名の実態や徴兵における応募の現状など〟まだまだ述べる内容は多々あるがこれぐらいにしておきたいと思う。

ただし、台湾にも朝鮮においても住民に参政権を与えるまでいかなかったという点は反省すべきであろう。しかし、いずれは与えたと思われる。

（3）満州　満州国建国

A　馬賊、匪賊、兵匪（軍閥の軍隊）が横行する世界
日本が満州獲得を目指した理由についてはすでに述べた。ここでは日本がこの地方にもたらした功績を述べることが目的である。１９３１年当時の満州はどんな状況だったのであろう。満州の地に清の太祖ヌルハチが後金国（後の清）を建国してやがて全中国を征服、モンゴル、ウイグル、チベットも併合した。しかし、清もこれまでの例にもれず漢化し、万里の長城を超え、発祥の地満州から中原へ移り住んだ。満州は空洞化、無主化したのである。無主化した農地などを開墾するためにそこへ漢民族が流入した。多くが盗墾、盗採、盗掘の民であった。清は漢民族の移住は禁止したが防ぎきれず後に解禁した。また、流刑

の地である黒竜江省、吉林省から罪人が逃亡し満州の盗賊、馬賊に加わった。やがて清朝が崩壊するともともと少数であった満州人は表舞台から消えてしまった。すなわち満州は馬賊と匪賊が跳梁する世界となったのである。新政府の中華民国は国家とはほど遠く大総統袁世凱が死ぬと各地を私的に統括（支配）していた軍閥が割拠するカオス世界と化した。児島襄氏はその著書『日中戦争』で中心を持たない軍閥同士が争うさまを〝軍閥混戦〟という表現をしているがそのときの状況を見事言い当てている。つまり満州に住む住民は匪賊、馬賊の襲撃に加えて軍閥が所有する私兵（兵匪）からの略奪に耐える日々となっていたのである。当然軍閥を維持するために住民に重税をかけていた。満州事変当時は軍閥混戦に勝ちぬいた張作霖の息子張学良が満州を治めていた。民衆は軍閥支配と匪賊・馬賊の二重の苦しみのなかであえいでいた。

B　満州国建国

『日本の軍隊が張学良とその軍隊を殲滅し、大悪人の手から東北人民を救い出してくれたことに対して、深く感謝しなければならぬ』趙奉天市長（満州国史・総論）

このようなただ大地（日本の3倍）があり、事実上の無政府であり、無頼の輩が横行するといっても過言ではないくらいのところに日本は実際に「近代主権国家」を作り上げようとしたのである。

これから述べる日本の功績をみていただきたい。

満州建国の翌年の１９３３年３月「満州国経済建設綱要」を発表しこれに基づき満州国の国土開発を推し進めた。

①満鉄

満州国を語るには満鉄つまり南満州鉄道株式会社を抜きに語れない。１９０６年（明治39年）資本金2億円をもって設立された。情報が大切だ、品質だ、といっても実際に人流と物流が円滑に行われなければ発展はないからだ。鉄道は命と言える。もちろん、日本の3倍もある満州には日本の南満州鉄道以外にソ連が引いた東清鉄道、イギリス系の北寧鉄道、満州軍閥系（8つ）があった。これら合わせて計６２２６キロメートルに及んだ。

日本の関東軍は満州国国務総理鄭孝胥と鉄道、港湾水路、通航路の管理を委託する契約を結びそれをさらに満鉄に委託した。満鉄は各鉄道を買収によって経営を一元化した。これら鉄道は運賃や貨物の分類はバラバラで、各鉄道間の連絡も融通性、円滑性を欠いていた。これらもすべて整理一元化された。鉄道の整備は満州発展の原動力となったのである。当時日本の鉄道技術の粋を集めて設計・製造された満鉄の超特急「あじあ号」は世界的にも有名であった。最高時速１３０キロメートル、平均時速81キロメートルであり、国内の特急列車は70キロメートルであった。その技術は現在の新幹線に受け継がれている。

②水運・道路

人流、物流は当然鉄道だけで担っているものではない。港湾の構築・整備、道路の建設・整備も重要である。実はこういったものまで満鉄が経営していたのである。これ以外でも炭坑（撫順）、製鉄所（鞍山）、農地まで経営に携わっていた。阜新炭鉱、錦州の重工業開発にそなえ葫蘆島港は１９４０年に一期工事が完成した。水運については航運は全河川約1万キロメートル、汽船は４５００キロメートルに及んだ。道路建設は１９３２年から本格的に着手し１９４５年日本降伏時には総延長国道６万キロメートル、地方道路５万キロメートルに及んだ。これまでは農産物などの運搬は匪賊が出没することもあり道路らしい道路はなく雨でぬかるみ、黄塵が舞い、荷馬車中心であったが、道路建設により大量の車両が運行可能となったのである。東洋で最初の本格的アウトバーンといわれるのは1938年から建設敷設されハルビン～新京～奉天～大連を結ぶ総延長1000キロメートルの「哈大道路」である。このような広大な土地に多岐にわたり事業、経営が実行できたのは満鉄内に調査部を設けたことが大きい。1907年に設立された「満鉄調査部」である。当初は経営のための満州地区の地誌、政治、経済の研究に携わった。1939年第14代松岡洋右総裁のときに東亜経済調査局などを統合し「大調査部」となった。調査対象は中国全体を対象とするようになり、さらに南方占領地の軍政（マレー、スマトラ、ビルマ）にもかかわった。当時の日本の〝シンクタンク〟であった。

③教育・医療

こういった記述は台湾、朝鮮と同じようになるが逆に言えば国家の形成発展の礎は同じということであろう。満州も「化外の地」「荒蕪の地」から近代国家に向かっていたのである。大連以外に市街というものはなく満鉄は沿線に道路、電気、上下水道、ガス、衛生にかかわる公共設備、施設を建設した。特に衛生面に力を入れ大連に近代的総合病院、沿線各都市に満鉄病院、伝染病・細菌研究所などを設立、経営した。ほかに学校、図書館なども多く設立した。まだまだ書ききれないが日本の貢献の度合いは理解していただけるだろう。

④年百万の人口の増加

その国家の統治の度合いを測る指標として〝人口の増加〟が挙げられるだろう。

・１９３３年　…　約３３７０万人
・１９３７年　…　約３６９３万人
・１９４２年　…　約４４２４万人

10年間で１０００万人以上増加している。これだけでも満州国がいかに秩序と統治の取れた国家であるかの証明になるであろう。また、人口の増加と逆行して匪賊は激減している。満州国建国当時（１９３２年）約36万人いたといわれる匪賊が１９３３年に入ると５万２千人に文字通り激減した。社会の安定なくして国家の安定、発展はない。これだけでも日本は大功績を残したといえよう。

ただし、満州国においても民意をくみ取る議会は存在しなかった。立法院の開設を予定していたが実施されなかった。また、中央政府機関の官吏は１９４３年12月の時点では日本人が53％を占めていたがこの割合が１９４０年４月の時点では69％に上昇している（『昭和史20の争点　日本の常識』秦郁彦編／文藝春秋17頁）。ある意味日本人の満州国化が進展していると言えた。しかし、まだまだ日本が指導しなければならない新興国家であるため仕方がないことであろう。満州国が１９４５年に解体されずにもう10年でも続いていたら住民に参政権も与えられ真の意味で近代国家へと変貌を遂げていたであろう。

第6章　日本の植民地？　統治への考察

なぜ触れられないのか？　なぜ評価されないのか？

第4章、第5章で見たように日本の近現代史における功績は大きい。それは歴然としている。ある意味批判の余地がないようにすら見える。しかし、現実は『おじいさんは昔悪いことをしました。反省しなければいけません。アジアの人々に謝らなければいけません。』というような調子で教えられ、そのような日本悪玉論が通論？通説？のようになっている。しかしこれまで見たように、またどう見ても、（例え悪い面はあるにしても）近現代史における日本の功績は燦然と輝いているように見える。ここではそれについて私なりに述べてみよう。

1　概要　事実に基づかず一般論に乗っかった批判が多い

とにかく、繰り返すが私が不思議でならないのはこういった日本の実施した功績はほとんど知られず、それどころか逆の意味で伝えられている。ここは日本なのに。なぜなのであろうか？　真剣に考える必要がある。

それは決して日本の行動を正当化しようということではない。事実を明確にすることが

〝真に〟周辺諸国や他国と友好を深め世界平和につなげていくためには避けて通れない、と私は考えているからである。

以上台湾、朝鮮、満州国について日本国の功績について、いいことづくめばかり記述しているきらいはある。しかし、それすら日本の人達に知られていない。そして悪い面ばかりが強調されている。

事実が抹殺されたようになってしまったのはなぜか？

一つ言えることは『こういったことは、すべて日本や日本人のために行ったことであり、そこに住む当該の民衆には苦痛のみがあった。』ということであろうか。しかしこういった論調は私から見ればその説明においてあまり具体性がなくただ〝植民地統治は悪〟という終始一般論的に述べているように思われる。具体例を挙げていても個々の事例をあたかもすべてそうであるかのような説明が多い。

朝鮮の統治についていうと、それまでの両班の凄まじい民衆への差別、搾取については一切触れず、日本がまるで、幸せに暮らしていた朝鮮民衆を暴力によって隷属させ、そして日本、日本人のために搾取し、朝鮮人は搾取され続けたようなイメージで語られているのもそういったものに基づいている。

確かに無理やり過酷な労働や改革を強いた面はあっただろう。また、大陸進出の足場としたい目的もあっただろう。しかし、現地で建設された鉄道や道路は日本人のみが使用したものでない。農産物の生産性向上の果実は日本がすべて搾取したわけではない。ダム、病院、学校の建設…それらは多くの現地の地域住民に多大に寄与しているはずである。特に朝鮮においてはハングル文字の民衆への普及はまさに日本統治のおかげであろう。また何と言ってもカースト制度並みであった〝身分制度の撤廃〟は多くの民衆を解放したはずである。それは近代国家への第一歩といえたはずである。

2　戦争に負けたことがすべて　統治そのものに問題があったからではない

日本の大功績が評価されない最大の理由は、一言で言ってしまえば〝戦争に負けた〟ことである。一般的な通説やイメージされているような〝日本の行動が間違っていたから〟

ではない。戦争に負けたから、『戦勝国が〝近現代史の日本の行動〟は〝悪〟というレッテルを刷り込んだからである』。

日本の近現代史の行動を、できれば過去の日本を否定する必要があったからである。この戦勝国の思惑と戦後教育界の基盤となる日本教職員組合（基本的には社会主義者の団体）との思惑が偶然一致したのである。当時の社会主義者は日本の過去（特に近現代史）を否定的にとらえる見方が必要であったからである。

これが、私の結論である。

整理すると

①戦勝国は〝これまでの不都合、現在の不都合〟は一切、日本（およびドイツ）にあると押し付けたいのであろう。そのため、日本が善政（に近いもの）を敷いたということは許されない。ということであろう。そして、そのことに利害が一致する個人、団体がそれに便乗、利用しているため、こういった問題はますます不透明さを増していくことになる。

②戦後において植民地というものはとにかく〝悪である〟となったため、内容にかかわらず〝善政〟などはありえない。という決めつけがある。

③書籍の『日本近現代史講義』（中央公論新社刊）の第11章日本植民地支配と歴史認識問題という題名で木村幹氏が述べておられる。

「……日本の植民地支配のイメージとして語られる事象の大半は（戦時中の）総力戦体制期のものであり…短い時期のでき事にすぎない。…この時期の出来事が（日本の）植民地支配のイメージに決定的な影響を与えた…」「（そして）総力戦期の直後に植民地支配が終了したこと…」

と述べておられる。

つまり、その一時期のイメージが日本統治の典型とされた。

そしてもう一つ

④日本独特の「和の精神」「共生の精神」が理解できない。しようともしない西洋中心主義の影響もあると思われる。

3　理解されない、あるいは無視される〝和の精神〟〝共生の精神〟

各植民地統治と日本の統治と少し比較してみよう。少なくとも当該地域において実施した内容やその国の規模と比較して投資した金額は規模においては比較にならないだろう。

(1) 欧米列強のアジア統治と日本のアジア統治

ここで簡単ではあるが日本の統治と欧米列強の統治について違いを見てみよう。

フランスの支配下にあったベトナムにおいても1910年昆明～ハノイ（雲南・ベトナム鉄道）が敷かれ1936年にはハノイ～サイゴン間に南北縦貫鉄道が開通している。しかし、朝鮮と比較すると、朝鮮は1945年までに鉄道総営業6632キロメートルにおよび主要都市部同士はつながっており、1944年の鉄道利用者が何と一億人を超えている。比べるまでもない。道路建設においても、一等道路（幅1・8メートル以上）だけでも3200キロメートルに及んでいる。フランスは大体30年近くかかってこの程度の鉄道敷設であり、どうみてもフランスはベトナムの発展を目指しているとは思えず支配者であるフランス人が円滑に利するために必要不可欠な部分のみに力を注いだのだろう。教育においてもフランス化と称して上流子弟のみをフランス本国で教育する程度で日本が朝鮮で5千校以上の学校を建設したのとは比べものにならない。ベトナムの民度向上にはほど遠いといえよう。

台湾統治についてみても、日本統治以前のオランダ、スペインは東アジアの拠点とするための必要最小限のことしか実施していない。もちろん地理的に離れすぎていたために完全制圧は不可能と思われるが、理由はともかく台湾に何ら変化や変革をもたらしていないことに違いはない。本土の中国にしても清国兵による略奪が実績である。教育においてもオランダ、スペインはキリスト教の布教が目的でありそれ以上のものではない。清国も台湾において教育を施したが「儒教教育」（尚古主義）であり、近代化とは無縁のものである。日本は鉄道、道路、水道といったインフラのみでなく「近代科学知識」を植え付ける教育を行ったのである。もう一つ付け加えると日本は台湾に台北帝国大学、朝鮮に京城帝国大学、満州国には建国大学を創った。白人の宗主国は植民地に一つも大学を創っていない。日本統治との違いを推して知るべしだろう。

イギリスのシンガポールを見ても確かに無人の島を開拓し、華僑をはじめとする移民政策により発展したがもともと住民１５０人程度の島（台湾の約50分の１）であり、開拓したのではなく拠点となる基地を建設したに過ぎない。シンガポール島に目を付けたセンスはさすが大英帝国と思わせるが、地域住民や周辺地域の発展どころか支配するための〝基地〟建設であり少なくともそれに近いものであった。マラッカ海峡を抑えるためのものであり極東地域を制圧するための拠点となった。それは大英帝国の象徴であった。

　確かに西洋の植民地統治について時代を経るにつけ収奪のみでなく住民に対する配慮も考慮されるようになってきていた。

『日本の植民地統治は欧米列強に比べ後発であるから統治について西洋のやり方を参考にしたからではないか（収奪だけではダメだということ）。すなわち「共生の精神」によるものではない。』と。そういう意見も見受けられる。

　しかしどうみても日本の統治は「共生の精神」に基づいている。確かに西洋の宗主国も植民地に対しインフラ整備や教育を行ってはいるが、その根本は、そうしたほうがうまくいく場合やせざるを得ない場合、いわば場当たり的に実施したに過ぎないと思われる。日本の統治もそういう面はあるにせよ根本的にその国をかえよう、育てようというものが少なからずある。底辺に共生の精神、和の精神に基づいたものを感じる。単なる統治を始めた時期の違いといったものではない。

（2）日本統治における理不尽な非難のもう一つの理由

どう考えても〝悪い面よりも功績が目立つ〟日本が実施した植民地統治は何回も言わせてもらうが肯定的な言われ方をしない。その理由は朝鮮の日本に対する理不尽な非難、批判も影響しているのではないか。

①「反日」は基本方針？

お隣朝鮮はどういうわけか日本の朝鮮に対して実施した多くの改革や改善などについて評価していないように見える。それどころかプライドが高いのか（目に見えないところでは違っていると思うが）、①主権を奪っただの、②王を奪っただの、③資源を奪っただの、④言葉を奪っただの、⑤あるいは強制徴用した、強制的に慰安婦を募っただの、⑥果ては近代化を遅らせたのだと主張し、またそういった意識を植え付ける教育をしている。事実はこれまで述べた通り日本は今の近代韓国のベースを作ったのである（北朝鮮はまた元の状態に戻してしまった）。①についてはすでに朝鮮は清国の属国で下関条約第一条で朝鮮の独立を認める。としていることから明らかに間違い。②はもともと朝鮮国王は両班と同じで民衆からの収奪者の頭領に過ぎず、必要とされていなかった。日本敗戦後も復辟運動もなく王朝復活など話題にものぼらなかったのであろう。韓国初代大統領李承晩も日本に保護されていた皇族を朝鮮に復帰することを拒んでいる。③はたいした資源もなく設備を整えて一から掘り起こす費用のほうが大きかった。④は一時期、朝鮮語より日本語を中心にした授業が行われたことがあったかもしれないが、ハングル文字を普及させたのは日本である。話にならない。⑤は明確な証拠はなく〝一部の不適切事例や事象〟を〝すべてそうだ〟と見立てたものだろう。

さて⑥である。一番重要な部分である。①~⑤までの説明またこれまで朝鮮の実情からして韓国のこういった日本に対する批判は理解に苦しむ。〝植民地にされた民族の当然の反応〟〝ものごとのとらえ方の違い〟といったものとは違うように思える。意識的に恣意的に作られたものではないか。反日を国家運営の基本方針としたのであろう。台湾ではこのような現象は見られないからだ。

②北朝鮮の姿が本来の朝鮮の形態？

現在のＯＥＣＤ加盟国である大韓民国は日本の統治および支援を経ずして近代化をなし得たであろうか？　現在の大韓民国は民主化された国民国家と必ずしもいえないが李朝の古い因習から脱却し、そして産業化を成し遂げた少しいびつではあるが近代化された国家といえるだろう。

しかしどう考えても自力で成し遂げたとは思われない。日清戦争の勝利により朝鮮は晴れて独立を見たが朝鮮国自身が独立を望んでいたとは思えない。日本は朝鮮に対し内政改革案を提示したがその内容は制度改革、教育・人材採用改革、財政改革、法律改革などあらゆる面に及んでいる。すべてが旧態依然としており、当時欧米列強のアジア、アフリカへの露骨な進出、侵略が行われているこの時代においてさえ危機意識はなく、そのような国が自力で内政改革ができたとはとても思えない。

一番の証明は今の北朝鮮を見れば歴然としている。今の北朝鮮は李朝当時と同じである。〝民衆を収奪する金一族と共産党幹部〞と〝収奪される民衆〞の構図の復活であり、「成分」と呼ばれる出生に基づいて形成された新たな身分制度の復活である。両班の復活である。これは、たまたま現政権を握っている金一族がそのような体制にしたのだろうと言うのは的を射ていない。誰が統治しても朝鮮という国はこういう形でしか統治できないのであろう。これが本来の朝鮮の形なのであろう。と私は思う。

それは、日本が進攻する前の、李朝５００年を見ても、ただ民衆を搾取するだけの歴史、政権争いの内紛・虐殺するだけの歴史しか見えてこないからだ。国力を高め民衆とともに豊かな国になろうという国家としての意思などがないのであろう。要は、その政権を維持するための大国に阿る「事大主義」だけである。今の北朝鮮はミニ李朝そのものである。

戦後70年が過ぎている。「朝鮮民主主義人民共和国（北朝鮮）」は成立直後の混乱期ならともかく、今なお民主化の兆し、近代化の兆しすら見えない。どうみても他国から直接的な指導や支援を受けなくて自力で近代化や民主化ができるとはとても思えない。いや、北朝鮮に限っていえば他国からの支援や指導を受けても無理ではないか。他国の支配によらなければ国家が成り立たないのではないか？

③大韓民国は北朝鮮とは違うのか？

では大韓民国（南朝鮮）の例はどう説明するのかという反論もあるだろう。私から見れば北も南も同じにしか見えない。一握りの、あるいは特権的地位についた一部の人のために民衆は犠牲に晒されている。という構造である。南朝鮮は10大財閥に属していなければ、あるいは何らかのつながりを持たない人は、人生負け組である。学歴格差、地域格差はひどくソウル在住で一流大学を出て10大財閥に入社すれば、李朝に例えれば両班合格と同じであろう。それに対する是正どころか格差は広がるばかりである。サムスン一社で何と韓国企業全体の22%を超えている。まさに韓国経済はいびつである。10大財閥以外の賃金についてみてもその格差は他企業の2〜3倍近い。このいびつであるが韓国の財閥は１９６５年に結ばれた「日韓請求権協定」による日本からの無償・有償計5億ドルの供与によるところが大きい。それでも一応自力でここまできたではないか、ともいえる。しかし、実のところ日本から解放された後も朝鮮総督府に携わった官吏が南朝鮮を運営してきたのが実情であり李承晩もそうせざるを得なかったのである。そして、「漢江の奇跡」をもたらした朴正熙も親日派である。また、アメリカの指導、支援もあり自力で近代化できたわけではない。

　粉飾された内容で教育がなされ自国に対する反省などは見られない。私から見れば、「大韓民国」と「朝鮮民主主義人民共和国」とは本質において何らかわっていない。

④朝鮮が〝自国の真の歴史〟を認めない。これがゴタゴタの原因

今に至るまで日本と韓国（北朝鮮も）とのゴタゴタや反日などは、南北朝鮮が当時の実情、現状を認めないのがすべての発端であろう。それが、日本の統治の実情、内容に関係なく、一般論（植民地統治は〝悪〟）に乗っかって日本に対する〝過去への反省〟の要求につながっている。日本が当時の〝朝鮮を救い発展させた〟という現実は死んでも認めそうにない。いつになれば日韓、日朝が真の友好関係を持つことができるのであろうか？

第7章　戦勝国がもたらしたもの（その1）

正義の刃により、悪の枢軸（日本、ドイツ、イタリア）を成敗した戦勝国は、では具体的にどのようなものをもたらしたのか？　もちろん、いいものもあれば、悪いものもある。しかし東アジアに限ってみれば結局余計なお世話に過ぎなかったといえる面が多い。

以下大きく四項目に絞って見てみよう。

1　「国際連合」成立（戦勝国連合）

設立までの経緯をみてみると、これまでの反省や真の平和を求めて設立されたというより米・英を中心として連合国陣営の勝利に向けた戦争遂行の過程で参加を促し、勝利目前で枢軸国以外の国に対し事実上の〝踏み絵加入〟のような形で参加、設立させたものといえる。改めていうと平和を願うというより勝利を確実なものにするための結束をさらに発展させたものと言えるだろう。

〝反枢軸国連合〟→〝国際連合（連合国）〟ということである。もともと「国際連合」というのは間違いで「連合国（戦勝国）」（ユナイテッド・ネーションズ）が正解である。日本が気を利かして〝訳〟しただけである。

そのため枢軸陣営は（仕方ないかもしれないが）設立過程ではまったくかかわっていない。しかし何らかの形で参画できなかったのか。現実的でないかもしれないが戦争が終わった後で、敵、味方関係なく参画させ設立すべきだったと思う。このように現在の「国際連合」設立の基になっているのは、この戦争（第二次世界大戦）の原因は枢軸陣営の侵略性であるということが前提になっているのである。それを土台として成り立っているのである（敵国条項はその証である）。

さらにいうとアジア軽視が目につく。中国がまったくないがしろにされている。一応各会談に中国の名前は出てくるが実は中身についてほとんどかかわってはいない。ただ、中国を四大国に入れているのは〝人種差別〟という批判を避けるためであろうか。

第一次世界大戦であれだけ犠牲を出しその反省のもとに設立された「国際連盟」が無力化した。なぜ無力化したのか、どうみても、その原因、反省などそういったものはまったく見えてこない。ただ、〝戦勝国が戦後の体制を自国の有利に、そしてそれを完全に固定させたい〟という思惑しか見えない。

（1）「国際連合」の機関など

・主要機関：総会、安全保障理事会、経済社会理事会、信託統治理事会（１９９４年活動停止）、国際司法裁判所、事務局

・付属・補助機関：専門機関として国際保健機構（WHO）、国際連合食糧農業機関（FAO）、国際連合教育科学文化機関（UNESCO）、国際貿易機関（FLO）、世界銀行、国際通貨基金（IMF）、国際労働機関（ILO）、万国郵便連合（UPU）、国際電気通信連合（ITU）、国際原子力機関（IAEA）などがある。

世界の不幸は戦争のみでなく災害、環境破壊、疫病など多くある。また、人権抑圧、不平等な社会といった国家や社会体制の不備、欠陥も大問題であろう。

「国際連合」は右のように多数の補助機関が設置されている。それはこういったことに対する問題課題に対処しようとするものである。もちろん前身の「国際連盟」にも同様な機関が設けられていたがよりきめ細かな配慮がなされている。「国際連合」はより様々な観点から世界平和、発展を考えているのが分かる。この点は評価すべきであろう。

（２）「国際連盟」と「国際連合」との大きな違い

学校では一番大きな違いは「国際連合」が〝武力行使〟を行うことを可能としたと教える。確かに大きな違いであることは認める。しかし一番大きな違いは「国際連合」には〝敵国条項〟なるものがあることである。

これは紛争当事国の相手が〝旧枢軸陣営国（敗戦国）〟の場合は「安全保障理事会」の承認を必要としないとのことである。戦後においては通常戦争するためには「安全保障理事会」の承認が必要とされるのである。にもかかわらず、この条項はどういうことであろう。

平等ではないのである。「国際連盟」は明らかな不平等な条文はなく平等の精神で貫かれていた。この条文の存在は、この戦争のすべての原因は旧枢軸国陣営がもたらしたものであると戦勝国が決めつけたということである。

これが世界の平和を希求した「国際連合」（連合国連合）の精神を表した根本なのか？

これについてはどの書籍などをみても重要な違いとして記述されていない。重要ではないのだろうか？　やはり欧米特にアメリカの圧力なのか？　日本の忖度？なのであろうか。問題であろう。

そして学校で教わるときに強く強調されるのは、国連の〝武力行使〟を認めたことであろう。理想だけでは平和は保てない。第一次世界大戦の反省?なのか現実に目を向けたのであろう。そのためにそれぞれの国を超えた軍隊「国連軍」（連合国軍?）なるものを編成することを可能とした。しかし、後に述べるように数多くの戦争、紛争が生じたにもかかわらずただの一度も「国連軍」なるものが編成されたことがない。すべて〝多国籍軍〟である。アメリカが反対なのである。自らが主導して「国際連合」を創設しておきながら、国連の指揮下に置かれるのがいやなのである。

私にいわせればアメリカが「国際連合」なるものを創設したのは「国際連合」を通じて（隠れ蓑にして）合法的に世界を運営したいのだろう。それに対し世界は打つ手がない。真の平和はいつ訪れるのか。

このような精神に基づく「連合国連合」であるから機能不全に陥るのである。

（3）紛争解決において早くも機能不全に陥る「国際連合」（連合国連合）

大戦中から事前準備が行われていたが、国際連盟の機能不全の原因、また戦争の原因などについて十分な議論を経ずに戦後すぐに設立されたためこの戦勝国連合である日本語訳

「国際連合」は早くも〝戦争なき平和の維持〟という点においては設立直後から機能不全に陥ったといっても過言ではない。

①インドネシア独立戦争（１９４５年～50年）オランダ再侵略開始

日本が敗戦するとオランダは再び石油の宝庫インドネシアに侵略を開始した。インドネシアは１９４５年8月17日に独立している（詳細は第4章１（２）④参照）。

国連もオランダを非難するだけであったといえよう。またアメリカのオランダに対する経済援助打ち切りによる圧力も、結局、インドネシアが共産化することを恐れてのことであり、必ずしも人道的見地に立ったものではない。

②ベトナム独立戦争（１９６１年～75年）フランス再侵略開始

これも①と同じでフランスがベトナムに再侵略を開始した（詳細は第4章１（２）⑥参照）。

この大義なき戦いに、〝正義の国〟アメリカがフランスを支援、こともあろうに１９６１年フランスに代わりアメリカが介入することとなった。

ここに示したオランダ、フランスの行為は、まったく大義のない完全な侵略行為であろう。１９４５年2月に採択された「国連憲章」の精神を無にすることは、極端に言うと「国際連合」の存在そのものを否定するのと同じであろう。

③朝鮮戦争

日本から解放された朝鮮であったが、38度線で北朝鮮と南朝鮮とに分かれることとなった。１９５０年北朝鮮が突然南朝鮮に進攻を開始しいわゆる朝鮮戦争が勃発した。アメリカを中心とする国連軍（といわれるが厳密には多国籍軍）が編成され、危機に陥っていた南朝鮮を救い逆に北朝鮮を追い詰めた。ついに中国共産軍が介入することとなり盛り返してまた元の38度線で停戦となり現在に至る。北朝鮮からの明らかな侵略行為であるため、初めての「国連の武力行使」による平和維持・回復?·行動がとられたといえる。しかし無理であろうが朝鮮統一の話し合いはもたれることはなく、双方合わせて４００万近い人が犠牲になった。何のための犠牲だったのか?

④アフガニスタン戦争　１９７９年～89年

ソ連は大戦後自国の防衛の意味もありソ連が大戦中にドイツ占領から解放?した国々を今度はソ連が社会主義体制を強要し指導する体制をつくった。ポーランド、チェコスロバキア、ハンガリー、ルーマニアなどである。これに対し、１９５６年ハンガリーでソ連の支配体制に対する反発から動乱が起こりソ連が軍事介入、１９６８年チェコスロバキアでノボトニー共産党政権に対する反発から自由化、民主化を目指すドプチェク政権が成立。これに危機感をえたソ連（ワルシャワ条約軍）が軍事介入。

この二つを見てもソ連もアメリカに劣らず自国の都合（国益）だけの軍事介入といえる。もう一つ紹介したいのはソ連崩壊の元となったアフガニスタン侵攻である。

侵攻の原因となったのはアフガンの親ソ派政権である人民民主党がイスラム系のムジャーヒディーン各派により危機に陥った。一つでも多くの友好国（衛星国）を維持したいソ連は１９７９年12月軍事介入に踏み切った。１９８０年に「国連総会」でソ連の撤退が決議されたがその後９年間継続された。戦争は泥沼化し結局１９８９年に撤退した。この10年間によりソ連経済を圧迫し１９９１年ソ連崩壊につながった。アメリカのベトナム戦争と同じであろう。

⑤グレナダ侵攻　１９８３年10月～12月

１９８３年カリブ海に浮かぶ島国のグレナダでレーニン主義である人民軍司令官によりビショップ首相が監禁される事件が生じ、ビショップ派と軍との間で戦闘が生じ戒厳令が敷かれた。アメリカはグレナダの共産化をおそれ、軍事介入に踏み切った。「国連」では安全保障理事会がもたれアメリカの行為は軍事干渉であり国際法違反と決議されたがアメリカはこれを無視した。「平和維持軍」と称したのである。

このように見てみると大国の横暴には「国際連合」など無きに等しい。「国際連盟」も当時同じように言われたためその反省として「国際連合」においては武力行使を認め「国連軍」の創設を可能としたのであるが力のある常任理事国の拒否権とわがままで無きに等しい。

話はそれるが憲法９条『日本国民は、正義と秩序を基調とする国際平和を誠実に希求し……』により日本は戦力不保持、戦争放棄を国是とした。こうした現状をみると現実を無視した条文と言えるだろう。〝何が正義と秩序〟か、現実は〝力とわがまま〟ではないのか、そしてその憲法改正もままならない。改正反対の理由が〝真にこれ以外に世界平和は保てない〟という信念からならまだいいが、この条文があるから戦争を避けられる、巻き込まれることはないといった理由なら問題であろう。『誰かが戦ってくれる。誰かが対処してくれる。』ということである。私ごときが偉そうなことは言えないがアメリカの属国に甘んじている日本の将来が心配である。

2　台湾、朝鮮、満州国の解放

その二つ目は、日本の統治下にある植民地?をその軛から解放したということである。これはどういうことであろうか?　国際連盟規約第22条は近代において自立できない国に対する植民地統治を認めているのである。なぜ剥奪するのか?　ではイギリス、フランスなどはなぜ植民地を解放しないのか?　それは、日本により台湾、朝鮮、満州国は奴隷的地位?に甘んじていたから、その軛から解放する必要が生じたということである。つまり、日本の植民地統治は最悪であるから解放するということである。しかし、これまで見たように日本の統治は決して奴隷的な扱いをしていなかったのは明白である。まるで、第一次世界大戦後のベルサイユ条約により敗戦国のドイツから植民地を剥奪したのと同じ措置ではないか。結局余計なお世話だったのではないか?

それでは解放された直後のそれぞれの状況を加藤聖文氏の著書『「大日本帝国」崩壊』を中心として見てみよう。

(1) 朝鮮　二つの国に分断

①朝鮮解放宣言

1943年11月にエジプトのカイロで米・英・中のいわゆる「カイロ会談」が持たれた。そのなかで中国の強い要望で朝鮮を独立させることが盛り込まれた。後のポツダム宣言で再度確認された。『朝鮮の人民の奴隷状態に留意し、やがて朝鮮を自由独立のものたらしめるの決意を有す』とのことであった。要するに〝植民地統治〟そのものが悪いのではなく〝日本の非人道的統治が問題だ。〟という論理を何が何でも印象付け、押し付ける必要が生じたということである。日本の植民地統治について〝実態にそぐわない批判〟はこういったことも背景にあるのだろう。

②「建国準備委員会」結成　↓「朝鮮人民共和国」樹立　↓　米軍政庁解体を指令

敗戦にそなえて朝鮮総督府は70万人に及ぶ在留日本人の生命・財産の保護に腐心することとなった。朝鮮が独立するのであるから朝鮮総督府に代わるものは朝鮮人リーダーを立てることが相応しいと考えた。そのリーダーに総督府の権限を委ねそして日本人の保護を図ろうとしたのである。そのリーダー格となるものは独立民族運動家がふさわしいと考え、三年間の獄中を経て出獄後も進歩的活動を続ける人物、呂運亨に目を付けた。朝鮮総督府政務総監である遠藤柳作は終戦日の8月15日午前八時（玉音放送4時間前）に呂運亨に話を持ちかけた。朝鮮人の自治組織を結成し、それに総督府の権限を移管する内容を伝えた。その代わり終戦の混乱期の治安維持、日本人保護などを要求した。呂運亨はこの申し出を受け「朝鮮建国準備委員会」（建準）を結成した。副委員長に安在鴻がついた。このような形で日本の統治から朝鮮人自らが運営統治していくことを目指したが、終戦直後から様々な政治団体が結成され、それぞれが政治的正当性を主張し、それらを「建準」が統制できなくなった。内紛は朝鮮民族の宿痾である。それでも「建準」は活動を続けたが逆に朝鮮人の示威行為が激しくなりはじめた。それを見た総督府は22日に38度線以南（京城は含まれることになる）はアメリカ軍が進駐するとの連絡を受け、「建準」を見限り米軍に朝鮮統治を委ねることにしたのである。

こうした政治的混乱のなかで日本が選んだだけのことはあり、呂運亨の「建準」は南朝鮮一帯をまとめ新政権樹立を目指したのである。そして9月6日「全国人民代表者大会」を開き「朝鮮民主共和国」の即時樹立を決定した。悲願の独立は目の前にせまったのである。新国家組織体系、それに伴う人選などが進められていた。しかし、9月9日に進駐してきたアメリカ軍に総督府は施政権を委譲した。総督府前に翻っていた日章旗がおろされ星条旗が翻った。米軍の交渉委員であるアーゴ大佐は朝鮮人の統治能力をまったく認めておらず朝鮮独立は先のこととした。そして、やがて朝鮮は当分の間、国連の信託統治理事会の管理下に置かれることが決定されるのである。当面はマッカーサーの権限の指令のもと9月20日、軍政が敷かれることとなった。「朝鮮民主共和国」は否認されたのである。

ここまでは主に38度線以南の朝鮮の話であり、以北はどういう状況であったのであろう。いわゆる北朝鮮は日本の敗戦前からすでにソ連軍が進出しており将来を見据えて各道ごとに総督府の各道庁の権限を「人民政治委員会」に移譲させていた。そこに京城に呂運亨の「建準」組織ができ、北朝鮮の平安道庁に建準の支部を設けた。そしてその「建準平安南道支部」とソ連系（共産系）の「共産党平安南道地区委員会」と合わさり「平安南道人民政治委員会」（委員長曺晩植）として誕生、共産系と民族系（米国系）との調和を図った。朝鮮北部はソ連の影響で共産主義者が多くいたが「建準」の系統に属するいわゆる民族系のほうが多かったのである。ソ連は米軍と違い軍政を敷かなかった。各地域に設けられた各人民委員会を主体とする統治方法を採ったのである。

③李承晩と金日成

朝鮮北部においても「建準」の民族系が多数を占めていたが主導権奪取を図るソ連に「人民政治委員長」の曺晩植は封じ込められ、副委員長の玄俊赫は暗殺された。民族系が抑え込まれるなか、ソ連の後押しを受けた金日成が10月14日平壌公設運動場にその姿を現した。そして彼は根気よく着々と基盤を固め「北朝鮮臨時人民委員会」を樹立した。主席は当然金日成であった。ソ連は南朝鮮とまったく違った組織を樹立、運営することとなったのである。

アメリカが主導する南朝鮮はどうか。10月16日アメリカから李承晩が帰国した。アメリカはこの李承晩を立てることにしたのである。この独立協会で活動していた老革命家は１

９０４年に渡米してハーバード大学に学びプリンストン大学で哲学博士号を取得しアメリカで独立運動を展開していた。この李承晩帰国時は南朝鮮には「大韓民国臨時政府」を名乗る金九、そして「建準」の呂運亨がいた。アメリカは得体のしれない独立家を相手にするより少しでもよく知っている彼を選んだのである。彼はキリスト教徒でもあったことも大きい。李承晩は呂運亨を日本のイヌと呼んでいた。お互いに協力し合おうという姿勢はなく自身が頂点に立ちたいと思うものが多かった。呂運亨だけが違っていた。李承晩は10月23日「独立促成中央協議会」を組織したのである。

④　信託統治決定　そして分断国家へ

このような中で12月に朝鮮の信託統治に関する米・英・ソ外相会談が行われ、暫定政府を設け最長5年間の朝鮮の信託統治の実施を決定した。信託統治反対、賛成をめぐり朝鮮の混迷はますばかりであった。１９４６年3月に独立に関する会議（「米ソ共同委員会」）がソウルで開催された。この「米ソ共同委員会」の会議参加者をめぐり会議は決裂した。

もはや米ソの思惑しかなかった。

これを見た呂運亨は「南北協議会」開催を目指し分裂阻止に尽力したが１９４７年７月

南朝鮮単独政権樹立にこだわる李承晩に暗殺された。朝鮮において権力闘争は宿痾でそのほか多くの有力活動家が暗殺されている。安在鴻、曺晩植は行方不明、後に金九も１９４９年６月に暗殺されている。多くのテロや暴動が発生した。問題は国連に持ち込まれ〝選挙可能な地域〟でとりあえず選挙を行うこととした。国連から選挙可能かどうかの調査団が派遣された。北朝鮮は監視団の立ち入りを拒否した。そのため事実上南朝鮮が選挙可能な地域と言えた。そして選挙は実施された。そして、１９４８年８月15日に南朝鮮において李承晩は「大韓民国」の建国を宣言した。初代大統領は李承晩であった。これに慌てた北朝鮮の金日成は９月９日「朝鮮民主主義人民共和国」を樹立した。首相に金日成が就任した。南朝鮮は８月15日を建国日とした。（そして現在も在韓米軍があり、有事には韓国軍は米軍の指揮下に入る）北朝鮮はソ連の軍政がなかったことにより９月９日の降伏調印式の日を建国記念日とした。これはただ日が違うという程度の話ではない。正統性の問題であり、完全にお互いを受け入れない意思を示したものといえよう。国連も国連であろう。このような選挙を実施すれば南北分断は避けえなくなるのは目に見えている。

　そして１９５０年６月朝鮮戦争が勃発する。分断されたまま現在に至る。悲劇である。しかし、これは戦勝国がもたらしたものである。米ソがもたらしたものである。

しかし特に朝鮮に限っていえば朝鮮自身がもたらしたものともいえる。

李朝500年は確かに統一国家であった。しかし、ただ宗主国である明、元、清に阿ることにより、そして国の安全をまかせることにより成り立っていたといえる。そして厳しい身分制度に基づく徹底した管理の国と言えよう。内紛と血生臭い権力闘争は宿痾であり日本統治により身分制度は撤廃され、法に基づく国家運営となるよう指導したが解放されるとまた元に戻ることとなる。米ソの思惑があるにせよそれぞれの活動家は俺が俺がと政治的正統性を主張し何とか纏まろうとはしなかった。テロや暗殺が横行し最後は李承晩と金日成が残された。それは米ソが分けたというよりも、もともと両者に歩み寄りの気配すらなかったといえよう。米ソが無理やり引き離したのではなく朝鮮自身がそうしたと言える。もし両者が何とかして歩み寄ろうとしていたら米ソといえども見守る以外はできなかったであろう。すでに戦後70年以上が過ぎようとしているにもかかわらず未だに統一をみない。

もし朝鮮解放時、米ソの占領や軍政がなかったとしたらすんなり「建準」による「朝鮮民主共和国」として国が成立したであろうか？　幾度となく述べているが当時の（私は今も）朝鮮人の特質からして第三者の介入なくして成立は困難だったと思われる。現実的にみて国連が介入せざるを得なかったであろう。そうなればやはり米ソが中心となるため分断国家となった可能性は十分考えられる。

南北朝鮮分断は戦勝国がもたらしたものである。

⑤朝鮮分断日本責任説　私の考えは日本による原因は限りなく〝０％〟に近い

朝鮮が南北に分かれたのは日本が原因との意見がある。これに一言いわせてもらう。

この主張は簡単に言うと日本が朝鮮を併合していなければ〝米ソによって分断されることがなかった。〟というものである。日本が戦争に負けたことにより朝鮮が独立することとなった。そして空白となった朝鮮に米ソが進駐することとなり、南北分断を招いた。というものである。

日本責任説を唱える者は朝鮮の分断はあくまでも〝米ソの進駐を招いたことが原因〟であり、その進駐のもととなったのが日韓併合である。だからもとのもとを作った日本が原因であるというものである。確かに朝鮮の人達にすれば米ソ進駐を招いた日本が悪いと思うのは仕方ないかもしれない。が、それと朝鮮分断の責任？　原因？　とは別の話である。日韓併合当時に将来米ソ（ましてやソ連は後の革命によりできた）が進駐する事態など誰が予測できたというのだ。戦勝国が日本から朝鮮を切り離し独立させたのだから、それを取り決めた国連、戦勝国、それとも米・英・ソ・中が責任をもって処置・処理すべきであろう。また朝鮮人自身が何とかお互い協力しあって新朝鮮を建国しようとすべきであったろう。適切な処置を採れなかった国連、米ソの思惑、朝鮮独立運動家や指導的立場にある者の非妥協性。これらが南北分断を招いたのである。

少なくとも日本に直接的な責任はない。

（2）台湾

①やっと進駐　中国の実力が透けて見える

台湾は日本が下関条約において獲得した領土である。その統治期間は50年に及ぶ。その領土も手放すこととなった。しかし8月15日の敗戦を迎えてもこれまでと何らかわらなかった。台湾は朝鮮のような元々一つの国ではなかった。そのため台湾独立ではなく中国（中華民国）への復帰とみられたため、米・英・ソといった戦勝国の進駐は行われず、元の国である中華民国に委ねられていたからである。とは言え台湾に中国軍が進駐してきたのは10月17日からである。敗戦から2カ月を要したのである。

②2・28事件

10月25日に陳儀と安藤総督との間で受降式が行われた。その後台湾総督府との間で行政事務引き継ぎが行われたが、新総督（台湾省行政長官）は引き継ぎ事務には関心を示さず、日本が築いた施設、現金、物品などの接収を重視、興味を示した。そのため台湾人（現地人）はこれまでとの統治のやり方が違うため戸惑いやそれに伴う行政の不効率、停滞を招いた。また大陸からインフレも持ち込まれた。そのうえ不満があっても台湾統治の実権は大陸系が握っていた。やってきた大陸系の兵の質の悪さも加わり台湾人は期待を裏切られることになった。

日本軍が去ったあと陳儀の統治は悪化するばかりであった。このときには大陸人「外省人」、台湾土着人「本省人」という区分が生まれる始末となった。そしてそれは「外省人」支配者、「本省人」被支配者という構図であり、中華民国の一員ではなく、まるで中華民国の〝植民地〟といえた。

ついに１９４７年2月28日に暴動が勃発した。これは、台北市内において闇タバコを販売していた本省人の女性に対し取り締まりの官憲が暴行を加えたことが発端となった。積もり積もった不満が台北の市庁舎への抗議デモとなった。これに対し官憲が発砲、一人が死亡した。そのためデモが台北から基隆そして台湾全土へと拡大することとなった。行政長官は大陸から支援を要請した。彼らは同じ中国という意識はなく徹底的に弾圧した。多くの高等教育を受けた知識人が犠牲になった。無差別に2万人から3万人が殺害されたといわれる。陳儀は辞職、新たに台湾省政府が設置された。その後宗主的立場にある中華民国政府の蒋介石は中国共産党との内戦に敗れ１９４９年台湾に逃げ込んだ。蒋介石は「本省人」のテロを恐れるあまり〝白色テロ〟と呼ばれる恐怖政治が行われた。世界史上最長の37年間にわたる戒厳令が敷かれた。１９９２年李登輝の登場で刑法を改正し「民主化」が実現した。そして事実上二つの中国となり現在に至る。

③国共内戦　中華人民共和国の成立

ここで時間を少し戻そう。日本が降伏した後、当然日本と四つに組んで戦い、また世界の首脳会談に参加した中国の代表国民党の政府が実権を握るはずであった。当然そうであろう。しかし、何と日中戦争中に力を蓄えた中国共産党が国民党を撃破、実権を握ることになるのである。

共産党軍は占領地域において、「減租減息」（小作料を軽減し利息も減額するというもの）を唱え農民や民衆の支持を獲得しはじめた。

何と言ってもこの戦いに共産党が勝利することは民衆、農民にとって〝実生活に結びつく具体的な利益〟があるということである。私はこれが中国共産党が勝利した最大の理由だと考える。そして、国民党のなかには多くの共産党員が潜り込んでおり共産主義の理想を説いて回れば多くの者はなびくであろう。戦いに〝明確な目標、目的〟があるものと、ないものとの戦いである。国民党の兵力は開戦当初共産党の４倍近くあったが、開戦２年目の１９４８年の６月には１・３倍と拮抗していたのである。それはただ単に兵力だけの問題でなく、アメリカから支援を受けた優秀な装備もろともまとまった状態で共産党軍に降伏していた。つまり、国民党軍は共産党軍に武器を提供していたのと同じなのである。そして中国共産党は勝利し１９４９年10月１日、「中華人民共和国」の建国を宣言した。共産軍の戦いはまだ続きウイグル自治区やチベットまで侵攻した。

④日本が勝利し汪兆銘政権が握っていたら…

ことは単純ではないことは理解できる。これから述べることは結果論であろう。しかしどうしても言わせていただく。もし日中戦争で日本が勝利していたら…。アメリカが日米交渉のときに日中の間に入っていたら…。少なくとも「中華人民共和国」の成立は防げたであろう。現在まで続くチベットへの侵略、ウイグル地区への侵略もなかったのではないか。その前に太平洋戦争（大東亜戦争）も生じなかったであろう。日本と汪兆銘政権と手を携えれば今と違った中国になっていたであろう。確かにあの広い中国大陸を真の意味で統一できたのは毛沢東だからであろう。しかし、別に無理やり一つにする必要があったのか？　もちろん一つにするに越したことはないであろうが国土が広いうえに多民族であるため〝独裁体制国家〟でしかまとめられないだろう。日本が勝っていれば、せめて満州国は生き永らえたであろう。また、チベット、ウイグル、内モンゴルに対する進攻も防げたであろう。それに伴う虐殺も防げたはずである。日本と汪兆銘政権なら残虐な強圧を以ってしなくてもそれなりに広い大陸をまとめあげたであろう。仮に汪兆銘政権でなく蒋介石政権と妥協が成立していても同じようにいい形で広い大陸を運営できたに違いない。それは、これまでの日本統治下の台湾、朝鮮、満州国をみても分かるだろう。

（３）満州国

満州国解体について考えるにあたって、人類全体を見たときに、そこまで言わなくても東アジア全体を見たときに〝解体〟に何か得るものがあったのかと問いたい。多少日本の「内面指導」による強圧があるにせよ満州の住民にとってマイナスではなかったはずである。近代国家を消滅させることに何の意味があったのであろうか？　ただ、日本の功績を否定したい。そして戦勝国の、米・英の正義を押し付けたいだけなのであろう。

①ソ連、「満州国」に対し侵略開始

１９３２年３月無主の地満州で近代国家満州国が成立した。１９４５年８月に日本敗戦により、わずか13年5カ月で崩壊した。東條内閣の後を継いだ小磯内閣は最悪の状態を避けるため日本にとって中立国であるソ連に対し同年９月から和平工作を模索しはじめた。米・英との和平斡旋の申し入れである。しかし、ソ連のマリク駐日大使からの返答はノラリクラリで要を得なかった。当然であろう。弱り切った日本に手を貸すメリットなどどこにあるというのか。日露戦争の敗北の借りを返したいソ連はヤルタ秘密協定により、ドイツ降伏後３カ月以内に対日参戦できるお墨付きを得たのである。１９４５年８月６日に広

島に原子爆弾が落とされた。これを見たソ連は8月9日、日本に宣戦布告、すでにソ連軍は3方向から満州に侵攻をいや侵略を開始しソ連自身も大使館を置いていたのである。満州国侵略ではないのか？　日ソ中立条約の一方的破棄、独立国である満州国の侵略。また、中華民国の意思をまったく無視したヤルタ協定、「ポツダム会談」とはいったい何を意味するのか？

ただ、戦後世界を戦勝国米・英にとって一番いい形になるようにしたいだけなのだ。「大西洋憲章」会談は何だったのか？

②「関東軍」崩壊

進行してきたソ連兵力は総兵力175万人、戦車・自走砲5250両、航空機5071機、火砲2万7千門をもって兵力を三つに分け三方向から進攻した。対する関東軍の兵力は満州の在留邦人からの動員15万人、在郷軍人25万人を含む計兵員75万人、戦車200両、航空機200機、火砲1000門であった。そのうえ、どういうわけか、予想される対ソ戦に対する準備も不十分だったこともあり、各所で日本軍は撃破された。関東軍の面影はなかった。8月15日を過ぎてもソ連軍は攻撃の手をゆるめなかった。8月18日千島列島に対し攻撃を開始した。アメリカからの抗議により９月５日に戦闘行為を中止した。北方領土は失われた。そして、８月20日新京に進出していた機械化部隊司令官カバリョフ大将は関東軍司令部を接収した。９月５日に山田関東軍総司令官と秦総参謀長を再び呼び関東軍の武装解除を宣言。ここに泣く子もだまると言われた無敵関東軍は消滅した。

③満州国崩壊

関東軍は日ソ開戦となった場合、新京を放棄して通化へ移転することを以前から決めており、８月10日、皇帝、政府首脳に対し通化へ出発するよう要請した。皇帝溥儀、実弟溥傑は首都放棄に反対であったが、国務総理張景恵をはじめ、各大臣、皇族、職員など約３００名とともに宮廷列車に乗り込んだ。１９４５年（昭和20年）８月15日満州国にも玉音放送が流れた。そして満州国総務長官武部六蔵は他幹部とともに皇帝退位、満州国解散について協議、解散協議案を作成し17日国務総理張景恵、参議府議長藏式毅、総務長官武部らにより満州国解散の決議を行った。

翌18日簡素ながら皇帝溥儀の退位式が行われた。皇帝溥儀を初めとする愛新覚羅一族の清朝復興の夢はついえた。同時に無主の地に忽然と現出した〝近代国家〟は消滅し勝者による略奪などが始まった。前満州各地にある重要産業施設を何と戦利品として本国へ搬送した。そして強制連行である。これが真の強制連行であろう。その数60万人以上をシベリアに連行した。死者は約６万人である。私の父も連行された一人である。

戦勝国の戦利品というなら中国のほうがその権利があるだろう。ソ連のこの行為は、とにかく勝てば結局何でもできる。という見本であろう。敗戦国民となった邦人は引き上げ時にソ連軍や、匪賊などの犠牲になった。ソ連侵攻後のその犠牲者数は戦死者を含めて24万５千人である。残り約20万人はその後の引き上げとなったのである。現在も残留孤児として多くの者が満州の地に残されているのであろう。

もうひとこと言わせていただく。満州における引き上げ時の悲劇は日本人が他人の土地に押し入ったからであり自業自得である。という人がいる。百歩譲ってそれは否定しないがその当時の世界や日本における情勢や状況などを考慮すべきであり、そんなに単純なものではない。まして一般人などは国策を信じて満州開拓に向かったのであるから、そのような言われ方をするのは納得いかないであろう。また例えそうであっても命を奪うというのは許されることではない。ましてや土地を奪われたわけでもないソ連が、それどころか逆に満州国に侵略してきたソ連軍が、蛮行を働くなどは言語道断であろう。

３　日本改造

（１）白人の歴史上最大の失策　日本を討ち漏らしたこと

戦前の世界は白人の世界、白人の時代であった。有色人種は白人の収奪の対象に過ぎなかったのである。その世界に〝風穴を開け、やがて半壊（全壊とまでいかなかった）〟に持ち込んだのは外ならぬ日本である。日本が19世紀に欧米の植民地になっていたら現在においても宗主国を持つ多くの植民地が存在していたであろう。それは、国際連盟においても〝植民地〟なるものを認めており、第二次世界大戦終了時においても、現在の国際連合のベースとなる「大西洋憲章」があるにもかかわらず植民地保有国は（アメリカを除いては）〝植民地〟を放棄する意志はなかった。

もし日本という国がなければ〝物理的に統治体制を破壊〟する国が存在しなかった。また、どこかで、そういう国が出現することもなかったであろう。たとえ時代が進んでも植民地の所有形態に変化は生じても白人が支配する世界の状況はかわらなかったに違いない。

もうすこし述べると植民地保有体制崩壊は時代の趨勢である。とする意見がある。確かにそういう面はある。しかし、やはり崩壊をもたらしたのは日本という国が直接的にその流れを促進したことが大きく、時代の趨勢だけでは、ただ列強の支配の仕方に変化が生じたに過ぎないだろう。

もし明治維新当時に欧米列強により日本が蚕食されていたら、少なくとも白人世界にとって日本によりプライドを傷つけられることがなかったであろう。当時の欧米列強は日本を甘く見すぎていた。清国に勝ち、なんとロシアを打ち破りそして国際連盟の常任理事国になった。アジア制覇も十分可能であった。これほどの国に成長・発展するとは想像すらできなかったに違いない。もちろん海に囲まれており地形の険しい日本を攻略することは困難を極めたに違いない。しかし、時間の問題で日本は屈服したであろう。日本を討ち漏らした。それは東アジアをはじめとする有色人種にとって天祐だったのである。

（2）日本改造

百年前に討ち漏らした日本を叩きのめす機会がついに来たのである。特に同じ新興国のアメリカにとって日本を軍事的にも精神面においても打ちのめす必要があった。二度と我々に（特にアメリカに）立ち向かってこないようにすることであった。それは東アジアにおけるソ連も同じであっただろう。ただ、日本統治は日本敗戦に一番貢献したアメリカに任せられることになった。今回の戦後処理はこれまでと違い日本国そのものを改造しようとしたのである。これまでは戦勝国は敗戦国に対し領土の割譲や占領、賠償を要求した。ドイツに対するベルサイユ条約は過酷であっても敗戦国の国家改造という概念はなかった。これは占領地の現行法規を尊重するという「ハーグ陸戦条約」の精神があるからだ。しかし、アメリカはこれを無視し、アジアの暴れん坊日本を改造することにより日本を骨抜きにしようとしたのである。すなわちアメリカは二千年の歴史を持つ日本に対し、十分な理解もなく日本を根底からかえようとしたのである。

①マッカーサー登場

ポツダム宣言に挙げられた日本改革の骨子は、「非軍事化」「民主化」であろう。それを受けて１９４５年９月「降伏後におけるアメリカの初期対日方針」が示された。その日本改造の陣頭指揮を執ったのはマッカーサー元帥である。連合国総司令部（ＧＨＱ）司令官。日本改革は彼個人の意向が大きく影響したと思われる。１９４５年10月４日彼は「五大改革の指令」を出している。要約すると、婦人の解放・政治犯の釈放、労働組合の結成、教育の自由主義化、特別高等警察の廃止、経済の民主化である。大きく「民主化」と「非軍事化」であるといえる。

②「民主化」目的は弱体化？

右記の主旨に従いまず共産党の徳田球一らが釈放された。結党の自由により日本共産党が再建された。労働組合も結成され、終戦直後の労働運動の激化を引き起こすことになる。財閥解体も行われた。戦争遂行の基盤と目されたからである。それと同時に日本の重化学工業産業基盤も解体したのである。それに伴い約４万４千台にあたる工業設備は梱包されアジア諸国へ賠償として移転させられた。日本を農業国、漁業国にしようとしたのである。

そして１９４５年12月「神道指令」が出された。国家神道が廃止され政教分離が行われた。翌年１月に「公職追放令」が出された。戦争の元凶となった軍国主義者、超国家主義者の公職からの追放である。特に教育界においてその後を埋めたのは社会主義者が中心となった。教育界が社会主義化したのもこの措置が影響している。「愛国心」「憂国」などが悪というようなイメージを抱かせたのは当にこれである。「罪悪感」もしかりである。

社会主義者は過去の日本を否定したかったのである。アメリカはとにかく反軍国主義的な団体なら、それでよしとしたのであろう。また、このときのアメリカも意外と社会主義は民主主義と同じと考えている人たちも多くいたのである。確かに普通に考えれば平等社会＝民主主義と思うだろう。しかし、その平等を徹底させることが大変で結局、独裁政治につながるのである。

農地改革も行われた。地主から強制的に小作人に農地を分け与えた。自らの土地を持たない農民が土地を持てるようになったことは喜びであろう。しかし、これは日本農民のためを思い実施したとは思えない。地主をなくすことは、軍国主義につながる縦社会から横社会にしようとしたのであろう。

こうして見てみると日本を弱体化させるために様々な観点からの施策を試み実施した。軍事面だけでなく根底から崩そうとしたのがうかがえる。本当にアメリカの怖さを感じる。民主化に名を借りた日本無力化であろう。間違いない。

③非軍事化

日本軍は本土を含む植民地、占領地において武装解除された。

開戦時日本海軍力は世界第三位であった。空母の保有数は開戦当時10隻（米・英は8隻）で世界一であった。戦艦も世界最大最強の戦艦2隻を保有していた。また実際の戦闘結果を見てみると、（ミッドウェー海戦は戦いの経緯から見ると四つに組んだ戦いとはいえない）航空攻撃において戦艦または正規空母を撃沈できる能力を持つ国は日本のみであったといえよう。日本海海戦の大勝利は世界の歴史をかえた。陸軍も所有する武器の性能はともかく日露戦争において旅順攻略戦の勝利は世界を驚嘆させた。シンガポールの陥落は世界の歴史をかえた。終戦当時日本はまだ広大な領域を領有していた。従ってまだ多数の兵力を保有していた。しかし、〝天皇のご聖断〟によりその矛をおさめたのである。

武装解除された武器の一部は既述したように植民地の独立運動に提供した。また兵も独立義勇軍？　支援軍？として、あるいは顧問として参加したりした。残った艦船などは戦勝国に戦利品として持ち去られた。ここに大日本帝国陸海軍は文字どおり消滅したのである。そして新憲法により戦力の保持および行使はできなくなったのである。

④憲法改正　「マッカーサーの憲法」

日本の民主化と弱体化、そして非軍事化を図りそれを定着化・固定化するためには何と言っても憲法に手を付けることであろう。

１９４６年1月7日国務・陸軍・海軍三省調整委員会（ＳＷＮＣＣ）で「日本の統治制度の改革」が決定されマッカーサー最高司令官に次の５つが指示された。

・連帯責任に基づく議員内閣制
・天皇の行為に対する内閣の助言
・天皇の軍事に関する大権のはく奪
・内閣による天皇の助言と補佐
・皇室財産の国庫への繰り入れと皇室費の国家予算への編入

まさに明治憲法にかわるこれからの新憲法（現憲法）の骨格を示していた。こうしてマッカーサーは2月に〝国民主権〟〝戦争放棄〟〝象徴天皇制〟を三原則とした「マッカーサー草案」を日本政府に提示し現憲法が成立した。この「日本国憲法」は日本に対する蔑視、無知、そしてアメリカの特徴である正義の押し付けの象徴であろう。もともと、天皇は大権など行使したことはなく、内閣の決定に従っていた（2・26事件の措置など例外はあるが）。いわば日本はすでに国民主権の国家であり、ある意味、すでに象徴天皇制でもあったと言える。

しかし、条文うんぬんではなく、新憲法ができ、日教組に指導された教育によりあたかも日本が生まれかわったようなさっかくを起こさせた。虐げられていた国民が解放されたのだと。確かに一時期戦争遂行のために国民の主義や行動・活動などに制約を課したことはあったが、それは日本に限ったことではない。戦争遂行中はどこの国も同じである。ある意味マイナスに生まれかわったと言える。そして天皇と国民とが少し切り離されたといえるであろう。皇室と国民とが一つになって行う行事の日いわゆる祭日がなくなり、祝日だけとなった。(例:春季皇霊祭は春分の日、新嘗祭は勤労感謝の日となった。)まさにアメリカが望んだことであろう。そしてそのために後を受け継がれる天皇が象徴天皇として具体的にどうふるまうか苦悩されることになるのである。

4　現在の領土問題　不可解なアメリカの態度

以下①~③に示すとおり現在日本と周辺諸国で領土問題を抱えている。不思議なのはどう考えてもなぜこのようなものが問題となるのかよく分からない。アメリカの思惑そして無関心が絡んでいると考える。少なくとも日本がもたらした問題ではない。

①朝鮮……竹島問題

②中国・台湾…尖閣諸島問題

③ロシア……北方領土問題

繰り返すが、この問題は、なぜこのようなことが問題になるのかと思う。どう見ても問題になるような問題ではない。領土問題などは無条件で日本の領土に違いない内容である。

①の竹島の領有権問題であるがどうみても日本に分がある。というよりなぜこんなものが領土問題になるのか不思議である。サンフランシスコ講和会議でも韓国の主張は認められなかった。当時の初代大統領の李承晩が勝手に我が国の領土としただけである。このときなぜアメリカは黙っていたのか？　よく分からない。その後も機会はあったはずである。アメリカは日本、韓国の二国間の問題だと言いたいのかもしれないが、不自然である。事実上二国ともアメリカの支配下国である。にもかかわらず、アメリカはまったく放置している。不可解である。まるで日韓が揉めていることを望んでいるようである。もしかしたら本当にそうかもしれない。

②中国との尖閣列島の領有権問題も突然噴出した。１９７０年に近辺に石油資源が眠っ

ていることが分かったからである（想定埋蔵量1095億バレル）。尖閣諸島は1895年1月現地調査により「先占の法理」により日本の領土とした。1951年講和条約により澎湖諸島を中華民国に返還することとなったがこの澎湖諸島のなかに尖閣諸島が含まれているとして問題となっているのである。日・中・台の問題と言いながら日本に分があるのは明白であるのに、日本の毅然としない態度は当時のアメリカの態度があいまいであったからだと考えている。

③の北方領土問題はヤルタ秘密協定からきている。崇高な「大西洋憲章」により領土変更の放棄が謳われていたが、ソ連の対日参戦の条件に日本の北方領土をソ連に割譲することが取り決められたのである。日本が降伏したのは1945年8月15日であるが、降伏調印は9月9日であるため、その日までは終戦ではなく北方領土は戦利品としており現在に至る。簡単にいえば力で奪って還さない。ただそれだけである。この問題は戦勝国が解決すべき問題であろう。

繰り返すがこの①から③の問題は、解釈の違いとか、とらえ方の違いによるものではない。どう考えても日本の言い分が正しい。①③については、この当時敗戦国日本が何も言えなかったときであり、保護国といえたアメリカが適切に対処しなかったことが一因である。

第8章　戦勝国がもたらしたもの（その2）

1　第一次世界大戦後の戦後処理と第二次世界大戦後の戦後処理は根本は同じ

結論から述べると第二次世界大戦の戦後処理と先の第一次世界大戦の戦後処理と基本において何らかわらないと思われる。第一次世界大戦はベルサイユ条約により戦勝国は敗戦国にすべてを負わせその分け前を戦勝国で分割したということである。

第二次世界大戦についていえば敗戦国は莫大な賠償金を課せられなかったが〝悪の国〟〝間違いを犯した国〟というものを負わせられたのである。

〝その戦争責任を敗戦国自身に負わせた〟という点においては両方とも同じであろう。どちらも戦勝国自身の反省は見られないという点においても同じであろう。結局、人類は何千万の犠牲をもたらしたにも拘らず〝真の反省〟に立って今後の世界、これからの世界を考えなかったのである。戦勝国が戦後の世界にもたらせた大きな教訓はまたもや〝世界が安定しそれが保たれる〟のは〝正義〟ではなく〝力〟であるということを再確認させたことである。

2　日本統治下の植民地解放は本当によかったのか？ 余計なお世話ではなかったのか？

戦勝国による日本統治下の解放は結論から言えば余計なお世話だったに違いない。日本統治下から切り離すことによってより混乱がまし多くの人たちの生命が失われた。日本統治下の国や地域はそれまでと違い安定していた。生活もそれまで以上に向上していた。日本から切り離す理由があったのか？　だいたい、戦勝国はただ切り離せばそれでいい程度の姿勢で臨んだとしか思えない。

ここでは同じことの繰り返しになるがまとめの意味もありそれぞれの地域についてどういう状況になったのか述べさせていただく。

（1）日本から解放されはしたが…

同じような内容になるが解放された朝鮮、台湾、満州国についてまた述べさせていただく。

①朝鮮半島解放　南北分断、李朝へ回帰の北朝鮮

戦勝国は『日本統治による奴隷的な状態』から解放するとして朝鮮を日本から切り離したが結局、実際の統治の実態や朝鮮民族の気質などをなんら把握や勉強もせずに実行に移され米ソの思惑で朝鮮が二つに分断された。解放？から朝鮮戦争終了までで一体どれだけの多くの血が流れたであろうか。その後も光州事件で一般市民に多くの死傷者が出ている。北朝鮮においては現在も悲劇が続いている。まったく民主化の兆しは見えない。南朝鮮（「大韓民国」）も表面上の見える部分だけがマスコミで報道されているが国の経済の実態は10大財閥によって支えられている歪な国である。

　こうしてみると日本の統治下の朝鮮のほうが現在の朝鮮よりはるかに安定していたと思う。すでに述べたが南朝鮮も統治の基本的な部分は北朝鮮と同じである。それでも北朝鮮のようにならなかったのは、結局解放後も朝鮮総督府に携わっていた人（親日派）たちに運営させたからである。またその後も日本から得た多額の援助金により、財閥を育成強化するなど日本のやり方を踏襲したのである。そういう意味では明らかに形をかえた日本統

治下の継続といえるだろう。またアメリカが陰に陽に支援している。結局、何が解放か？

朝鮮を日本から切り離すならもっと慎重にすべきであったろう。

②台湾解放

台湾を中国大陸へ返還？したことはいいとしても朝鮮と同じでただ日本から主権を放棄させただけで後は中国任せである。しかも敗戦国日本が「白団」なるものを密かに結成し迫りくる毛沢東の共産軍を撃破し台湾防衛に貢献している。また多くの在留邦人は日本へ引き上げたが運営に必要な技術者は残留している。主権放棄に何の意味があったのか。大体この当時アジアにおいて近代国家は日本しかなく日本の統治から解放したとしてそれをどの国が管理するのか？　ヨーロッパの国のようにもともと〝自主の国〟ならともかく、近代国家を運営する能力がない国や地域を解放するのであるから、その点をもっと考慮すべきであったろう。例が適切かどうかはわからないが、未成年の少年を〝悪い親〟から引き離すとするならば、その引き離した後の指導や支援は当然大切であろう。おろそかにした者はその責任を負うべきであろう。この場合は戦勝国であるといえる。

③満州国崩壊について

なぜこの国を解体する必要があったのであろう。戦勝国は、圧制と収奪にあえぐ人々を解放するためにとった措置と言いたいのであろうか？　はっきりさせよう。日本の3倍もある近代国家を解体した理由はこうだ！　日本の実績、功績を認めることは絶対にできないからだ。それを放置すれば「日本＝悪」の公式が成り立たなくなるからである。日本統治がそこに住む多くの人達にとってどれだけ素晴らしいものであっても、だ。戦勝国は自分たちの正当性を示したいがために一つの近代国家を破壊したのである。

④中国汪兆銘政権の崩壊　日中が手を携えておればどうだったのか？

日本が汪兆銘政権を支援することは間違っていたのか？　汪兆銘は〝自分の意思〟で蒋介石政権の重慶を脱出し南京政府を樹立したのであって日本が無理やり連行したのではない。中国人民にとって日本の指導の下で国家を運営することは満州国をみてもわかるように悪くなかったはずである。現にアメリカは〝不安定な朝鮮の統治〟を日本に任せた事実があるではないか。蒋介石政権を支援した米英はいかなる理由で正しいのか。ただ強大化する日本をおそれただけで世界の平和や中国の民衆のことなど頭になかったはずである。

ただ、強大化する日本により米英の権益が脅かされるのをきらっただけである。

あの戦争（太平洋戦争）を正当化しようとしているのは日本ではない。私はむしろアメリカ、イギリスではないのか？と思う。結局米英の支援を得た蒋介石政権が勝利を得たがそれが中国国民にとってよかったのか、大いに疑問である。

第9章　世界に平和は訪れるのか？

どうすれば世界に平和は訪れるのか？　どうなれば世界に平和はもたらされるのか？　思いつくままに考察してみよう。少しは参考になると思う。

1　国際連合（戦勝国連合）の存在
国際連盟と違い世界の平和を目指したものとは思えない

国際連合（戦勝国連合）では戦争の脅威は防げない。いつか拒否権なるものをなくさなければならない。大体、常任理事国なる権利は戦勝国が自身の都合のために設けたものである。その当時はそれが必要な要素があったにせよ、いつかはその存在、必要性を問うべきであろう。その気配すら見えない。一度手にした伝家の宝刀を手放すはずがない。そして70年経過しても未だに「敵国条項」なるものがある。日本、ドイツが未だに脅威というのであろうか？　中華人民共和国のほうが遥かに脅威であろう。それすら削除できない国連に何ができるのだろう。今のところ、国連に世界平和を期待するのは無理であろう。

2　社会主義体制国家崩壊！　すべて平等ならば戦争は起きない　しかし人間の持つ本質を無視！した社会

みんなが平等の社会。地主も資本家も富裕層もいない平等の社会、富や社会資源が適正に分配される社会、有益なものが無駄にならない社会、それが社会主義者や共産主義者の唱える社会である。そうなれば戦争も生じない。確かに戦争をなくす大きな手段といえる。

私は初めて聞いたときはすばらしい主義だとは思った。『戦争は財閥が引き起こすものだ。』『資本主義社会だから戦争が生じる。』と社会主義にかぶれた者はそう主張していた。『社会主義国家も戦争を起こしているがそれは〝正義の戦争〟である。世の中を良くするための戦いである。』と言っていた。『アメリカの戦争は資本家のための戦争だ。』と述べていた。初めて聞く論理に知識のない私はそんなものなのかと聞いていた。

ただ、社会主義、共産主義はどうも好きになれなかった。それはソ連に対するイメージもあったが、ただ一点、〝思想統制〟が行われていたことである。不思議なことに、社会主義信奉者にそのことを問うと明確な回答はしなかった。その点は彼らも気になったのだろう。ただ彼らにとって〝思想統制〟すら正義の行いなのであろう。日本やアメリカが行うと弾圧だ！といって許さないのに不思議であった。そこに正直不気味さを感じた。今思えば、その勘はあたっていたと思う。

そのすばらしい？社会主義を現実に実現しようとすれば具体的にはどうなるのか？　かつてのソ連や東欧諸国のようになるのであろう。社会主義政策を採った国で成功した国はない。やり方が悪かったのか？　しょせん実現は無理なのか？　理論だけの世界なのか？　少し見てみよう。

実現のためにはまず社会主義社会の命である〝私有といった概念をなくす〟ことである。すべて社会（皆の）のもの、あるいは公共のものということである。従って地主や資本家などは存在できない。でなければ平等社会にはならない。私が高校生の頃コルホーズ、ソフォーズといった言葉をよく耳にした。ソフォーズは国営であり、コルホーズは半官半民の農場をいう。みんなで働き、成果を出し、適正に分配しようというものである。農業だけでなく林業、漁業コルホーズもあったらしい。結局うまくいかず１９９１年ソ連崩壊とともに解体がはじまった。〝しょせん、自分のものにならないのに誰が汗水流して働くというのか？〟工業においても私有はないため私企業といったものは存在せずもちろん一般的にいう社長といったものはない。すべて〝国が管理〟した。ナチスドイツですら企業自体は経営者やオーナーのものであり基本的にはその企業の〝経営責任者〟が方針や目標も決定する。社会主義国家においては責任者は与えられた生産目標の管理だけである。基本的に競争はなくただ上から与えられた目標を達成するだけのものの存在であった。国全体が役所と同じなのである。いくら働いても同じであり、個人個人に差をつけると結局私有を認めざるをえなくなる。怠け者はいいが働く意欲がでない。人間は適正な報酬を望み自分のために働くのであって人のためのみに働けるものではない。能力にも差がある。どう報いるのか。結局、発展は阻害され、厳しい管理社会にならざるをえない。

このような社会主義、共産主義社会が成り立つには前提が必要である。

①人は常に利他的行動がとれる。（努力や能力、業務内容、環境に応じた報酬を求めない）

②人の能力は基本的に同じである。

③人は誰も求めるものも目指すものも同じである。

ということである。

彼らの主張する究極の社会は〝能力に応じて働き、必要に応じて与えられる〟といわれるが理想というより空想であろう。仮に①〜③が満たされたとしても今度は公平、公正な適正分配を、具体的に誰が、どのように管理し、どのように分配するのか？　しょせん、机上だけの空論に過ぎない。

このような〝人間の本質を無視した社会〟はいい面は残すとしても崩壊は当然であろう。また、すべて平等であるためには皇族、貴族といった、実力やあるいは正当な手続きに基づかない特別な地位や存在は許されない。現実は多くが殺されるか平民になった。そしてそれに代わる存在が必要となる。選挙で選べばいいではないかと言うが、ただ皆で選ばれた者というだけでは安定性は得られないと私は思う。現に会社などは社長や管理職を社員の投票で選ぶことはしないだろう。我々と違った超える存在が重要かつ必要である。

この点、日本は素晴らしいと思う。ほかの国と比較すれば終始、本当に安定していたといえる。大虐殺の歴史もない。世界は、そして日本人はもっと日本という国について研究すべきでないだろうか？

3　天皇の存在（のすごさ）　理解できないほど深い

少し論点はずれるかもしれないが天皇について述べさせていただきます。
日本に天皇が存在していなければ今の日本はなく、従って今のアジアはがらっとかわっていたであろう。世界も！

天皇はどこから来たというような難しい話はできないが、和の象徴であったことは間違いないであろう。少なくとも通常の我々とは間違いなく違う存在であった。幕藩体制により絶対的権力を握っていた徳川幕府ですら将軍の任命は天皇であった。例え形だけのものであろうと、私はこれが大きい意味を持っていると考える。権力者が任命するのではなく天子様である天皇が任命することによりそこに〝正統性〟が生じるのである。つまり世の中が安定する大きな要素といえる。天皇にはそこに〝権威〟があるからであろう。だから武家政権が千年続いてもその存在はゆるがなかったのではないか？　天皇は日本の持つ自然、伝統、といったものを人の形として体現されたものとして日本民衆のなかに無意識に定着していたのである。いや定着させることができる何かが天皇の存在のなかにあったからであろう。

よく共産主義者は人は生まれながらにして平等であるはずだ。生まれたときから天皇という存在はおかしい、と言う。そういう意味において天皇という存在はおかしい。との主張はある意味理解できる。その主旨自体に限定すればそれはそうであろう。しかし人間自身、あるいは人間社会はそんなに単純ではない。人は崇めるものを望むものである。共産主義者らは『我々の公正な選挙によって選出された者が我々の上に立ち指導すべきである。』と言いたいのであろう。

しかし、言い方をかえればその指導者は、ただ我々によって選出されたにすぎず、しょせん我々と対等である。土壇場になれば、上も下もない。纏まらないであろう。つまり、力で押さえる以外、不可能であろう。

社会主義を標榜していた、かつてのソ連のスターリンや文化大革命の毛沢東を見れば明らかである。ヒットラー以上の独裁者ではないか。しかし、天皇は違う。我々より上という意味ではない。我々と違う存在ということである。その存在があるからこそ日本が大きくブレることもなくここまでこれたのである。

開国、幕末、明治維新を見れば分かるであろう。2・26事件が収まったのは天皇の存在である。何と言っても〝終戦〟が混乱なく行われたのは天皇の存在であろう。その後も大混乱に陥らなかったのも天皇の存在があったからではないのか。私は天皇の存在という観点から捉えた日本の特に近現代史の研究を見てみたいものだ。

『歴史と伝統に包まれた非のうちどころのない完璧な儀式』（アメリカ「チャオ運輸長官」の談話）２０１９年10月22日令和の天皇としてその即位を内外に宣明する「即位礼正殿の儀」が行われた。午前中はかなり強い雨が降っていたが儀式が始まる直前の午後一時になるとピタッと雨が止み晴れ間が見え虹が出た。まるで晴れやかな虹を招待者に披露するために天が雨を降らせたかのようだ。

私は即位式をテレビで見たのち、解説を聞いて改めて皇室というものの存在を考えさせられた。粛々と、整然と、厳かに執り行われる儀式は、政教分離に抵触するとか、費用がかかり過ぎるとかいう問題とは別のものを感じた。まさに二千年の日本の蓄積された歴史であろう。その後の招待された１８６カ国（毎日新聞より）の来賓を労う「饗宴の儀」では、高級食材による和食であるが、イスラム教徒や菜食者のため別の料理も用意された。また洋風の料理も用意された。フォークやスプーンには菊の御紋が入れられていた。日本の和の精神、そして威厳、日本の皇室面目躍如たるものがある。その様なものに反対する理由などあるはずがない。

4　天才！　石原莞爾の「最終戦論」とは？
しょせん戦争を終わらすためには戦争しかないのか？

（1）「東亜連盟協会」（東亜連盟）設立

ここで暴論かもしれないが、ある意味ものすごく参考になるために紹介させていただく。あの「満州事変」のプランナー石原莞爾が唱えた「最終戦争論」である。彼は１９３９年に「東亜連盟協会」（東亜連盟）を結成した。いずれ来るべき日米「最終戦争」のために日中戦争が泥沼化していくことを憂いた彼は、日、中、満が共同で国防、経済の一体化を図るべきと説いた。それを実現推進するための団体である。

当面は日中戦争の終結であったが、日・中・満が連携を図ってさらにアジアの盟主として「東洋文明圏」の形成を目指したのである。国内会員約10万人、この会の主張は〝対米戦は最終決戦〟であるため、これを避けるため日中提携を主張し、またこの連盟の考え方に同調するものが多く政治的影響が大きくなり始めたため、結局時の東條英機と対立、解散を強要された。

　この主張の何が良くなかったのかわからないが石原莞爾と東條英機は犬猿の仲であり、考え方や政策の違いによるための解散とは思えない。結局１９４２年９月「東亜連盟同志会」と改名した。戦後の１９４６年１月ＧＨＱに解散させられた。しかし、52年に復活している。

（２）「最終戦争」とは？

　彼は戦争の戦闘隊形は、点から線・面へ、そして立体的と進化していると説く。また、古代からこれまで（１９４０年当時）の戦争の性質は決戦戦争、持久戦争、決戦戦争、持久戦争、の繰り返しと主張する。私ごときが理解するのは難しいが彼が主張する決戦戦争は新兵器などによりその戦い自身、いわゆるその範囲内で決着がつく戦い。あるいはそういう性質を持った戦いをいい、持久戦争はそのような一撃的なものでなく、あらゆるものを動員させ、政治などもからませることもある長く続く戦争を言うのであろう。と私は解釈した。

　それに伴い、世界は宗教支配の国家が人（法律）による支配の新国家へと変貌し、やがてそれぞれの国家が連合するようになり最終的には世界が統一へと向かうと説いている。この世界統一実現には「最終戦争」を経る必要があると説く。

もう少し具体的に述べると、第一次世界大戦を経てやがて世界はソ連を中心とする社会主義グループ、第二番目は南北アメリカを統合したアメリカグループ、ドイツを中心とするヨーロッパグループ（大英帝国は落ち目）、そして日本を中心とする東亜グループに分かれる。

そしてさらに戦いなどにより統合が進み西洋の代表はアメリカとなり東洋の代表は日本となる。そして太平洋を挟んで西洋の代表となったアメリカと東洋の代表となった日本との最終決戦が行われると説くのである。「…アジアの西部地方に起こった人類の文明が東西両方に分かれて進み、数千年後に太平洋という世界最大の海を境にして今、顔を合わせたのです。この二つが最後の決勝戦をやる運命にあるのではないでしょうか。…」『最終戦争論・戦争史大観』石原莞爾著（中央公論新社）そしてその戦争は成層圏も飛行できる飛行機や一挙に残滅的打撃を与える決戦兵器が使用され、世界の人口は半分になる。しかし、政治的に一つになる。と述べている。

戦争の性質や、戦闘の単位などの考察、分析は科学的であるが最終戦争の決勝戦の部分は何か宗教的である。それは実は彼は日蓮宗の信者であるのである。彼の説明には日蓮聖人の教えや国柱会の田中智学の名前がでてくる。そしてそれによると、後２～30年後（１９５８年頃）に最終決戦が行われることになると説く。これにより日本が勝利し、日本国体の精神による信仰の統一が行われ〝天皇の下、世界は統一され恒久の平和〟が来ると説いている。

今から考えるとそうは成らなかったけれども日米戦が行われたのは事実である。そして日本が負け世界統一はならなかったが。この特異ともいえる「世界最終戦論」が１９４０年９月に刊行されたがそれに対する質問が多くなされた。それに対しこのときには予備役となっていた石原莞爾自身が筆を採り回答が１９４２年３月に大阪の新正堂から刊行されている。私が言いたいのは実はこの質疑応答の部分なのである。

《質問》

世界の統一が戦争によってなされるということは人類に対する冒瀆であり、人類は戦争によらないで絶対平和の世界を建設し得なければならないと思う。

（回答）

生存競争と相互扶助とはともに人類の本能であり、正義に対するあこがれと力に対する依頼は、我々の心のなかに併存する。…純学術問題でさえ、理論闘争で解決し難い場面を時々見聞する。絶大な支配力のない限り、政治経済などに関する現実問題は、単なる道義観や理論のみで争いを決することは通常、至難である。世界統一の如き人類の最大問題の解決は結局、人類に与えられた、あらゆる力を集中した真剣な闘争の結果、神の審判を受ける外に途はない。誠に悲しむべきことではあるが、何とも致し方がない。…釈尊が正法を護ることは…武器を執ってあたらねばならぬと説いている…日蓮聖人も、信仰の統一は結局、前代未聞の大闘争によってのみ実現する…。

…刃に衅らずして世界統一することは…心から熱望するところであるが…不可能であろう。もし幸い可能とであるとすれば…最高道義の護持者であらせられる天皇が、絶対最強の武力をご掌握遊ばされねばならぬ。…

最終戦争によって世界は統一される。しかし、最終戦争は、どこまでも統一に入るための荒仕事であって、八紘一宇の発展と完成は武力によらず、正しい平和的手段によるべきである。

《質問》

今日まで戦争が絶えなかったように、人類の闘争心がなくならない限り、戦争もまた絶対になくならないのではないか。

（回答）

しかり、人類の歴史あって以来、戦争は絶えたことがない。しかし今日以後もまた、しかりと断ずるのは過早である。明治維新までは、日本国内において戦争がなくなると誰がかんがえたであろうか。…抵抗するものを迅速に屈服し得るようになれば、世界は自然に統一されることになる。

さらに問題になるのは、未曽有の大戦争があって世界が一度は統一されても、間もなくその支配力に反抗する力が生じて…再び国家の対立を生むのではなかろうか…。しかしそれは、……。

今日の文明を基準とした常識判断に過ぎない。瞬間に敵国の中心地を壊滅する如き大威力は…戦争を回避する大きな力となるのみならず、…地球の広さは今日の日本よりも狭いように感ずる時代…人類は自然に、心から国家の対立と戦争の愚を悟る。……。

質問に対する回答は14まであるが、最初の二問の回答のみを紹介させていただいた。『最終戦論』の主旨がよくわかると思う。

さらに石原は『戦争史大観　第一章　第一節　戦争の絶滅』の冒頭で次のように述べている。

> 世界統一の条件として考えられるものは大体次の三つである。
>
> 1　思想信仰の統一
>
> 2　全世界を支配し得る政治力
>
> 3　全世界を生活せしむるに足る物資の充足
>
> 心と物は「人」において渾然一体である。…しかし心と物は平等の結合ではなく、どこまでも心が主であり物が従である。…我らの信仰に依れば、人類の思想信仰の統一は結局人類が日本国体の霊力に目覚めたとき初めて達成せられる。…現人神たる天皇の御存在が世界統一の霊力である。

実際は「最終戦争」は今のところ生じなかった。今後はわからないが…。彼が言うには、世界の恒久平和は天皇のみを中心とする世界となったときに達成されるということである。おそらく今の、社会には理解されないだろう。いや当時でも日本以外なら到底受け入れられない思想?であろう。人によっては荒唐無稽といえよう。

しかし、私が長々と紹介したのは大いに参考?になる面があるからである。現在の紛争の原因は宗教的対立に根差すものが多い。経済格差は解消されそうもない。国益優先の世界であり、国連は特に大国に対しては機能不全に陥っている。本当に世界の平和は、神の審判?「最終戦争」しかないのではないかと思うことがある。いや、事実それしかないのではないか?　いやまだ希望はある。共生社会、多様性社会である。ある意味日本は「天皇を戴く共生社会、多様性社会」といえまいか?

5　共生社会、多様性を受け入れる社会はどうか？　世界平和はもたらされるのか？

共生社会といえば一見、社会主義とよく似ているように聞こえるが、あらゆる面ですべて平等とする社会主義と違い、多様性を認める社会ということである。人はそれぞれ違うのであり当然価値観も違う。それぞれを互いに認め合う社会になれば、戦争は防げるのではないか？　いや、ならなければまず戦争は防げない。しかし、多様性を認めない者もいるだろう。そうなればそれを否定する以外にない。結局、真の多様性の世界などありはしないのだろう。排除すべきものは最低限排除すべきであろう。多様性社会になれば〝思想信仰を統一〟する必要がなくなり、そのための〝支配力も不要〟となる。それと前述の3にあたる〝物資の充足〟があれば世界に平和がおとずれるであろう。しかし例えそうなっても問題はある。人はほかの人より上に行きたい、ほかの人より差をつけたいという本能がある。その部分をどう克服するのか。とにかく事はそう簡単単純ではない。しかし、多様性社会、共生社会の実現以外に平和をもたらすものはないだろう。その実現に向けて人類は努力するしかない。

あとがき

私がＮＴＴの前身である電電公社時代に、社内の社員育成機関として全国に電電公社の学園があり私はたまたま東京の学園で勉強させていただいたことがある。その私がいた東京の学園は一般教養もカリキュラムにあり、歴史もあった。そのときに講師として来て頂いた先生が太平洋戦争について次のように言われたのをはっきり覚えている。先生の名前も手元にあるが個人情報のためイニシャルだけにした（お茶の水女子大学名誉教授：Ｔ・Ｏ）。

『…あの戦争（太平洋戦争）は、アジア解放戦争だと言う人がいるが、何を言ってるんだ。人の家に泥棒に入って、逃げるときにたまたま、お金を落としたようなものだ。…』

私はそのとき上手くいわれる先生だと思った。でも話の内容は一見日本をけなしているようであるが、何らかの功績？を認めているようにも思える。いや認めざるを得ないという思いであろう。

私が本書を書いたのは繰り返して言うが日本の近現代史、特に太平洋戦争（大東亜戦争）を正当化しようということではない。以下二つの理由による。

1 ただ、こういうふうに捉え、また考えることが普通ではないのか?と思うことを述べただけである。

2 もう一つは日本の近現代史を批判する人に多いのは〝一般論を以ってする論法?〟が多い。これらの人に〝事実〟を以って批判、論評すべしと私は言いたいのである。つまり彼らは、戦争は悪い、植民地は悪い、だからそれを行った日本は悪い。反省すべきである。と主張する。一見説得力がある。しかし、なぜ戦争になったのか？ なぜ海外に出て行ったのか？ という突っ込んだものがない。ただ一般論に乗っかって述べているだけである。

どう角度をかえてみても日本の単なる侵略だとする捉え方はそれこそ片手落ちである。それどころか捏造とも言える。学校の授業は太平洋戦争（大東亜戦争）前後、またそれ以降については時間の関係もあるのかあまり触れない。

私の考えはこうだ。時間がないのなら古代あたりに時間を割くのでなく近現代史に時間を割くべきであろう。日本の教育は日本教職員組合に牛耳られているからこうなのであろう。そのため、現代人は少なくとも１９３０年代後半から現在までの約１００年間については空白となってしまっている。許されることではない。なぜ是正しないのか？

その理由の一つは日本の近現代史に詳しく触れると〝日本の侵略史観が覆される〟からであろう。おそらく生じるであろう生徒の質問・疑問に答えられないからであろう。

確かにこうすれば良かった、こうすれば戦争を防げたという意見はあるしそのことはわかる。それに基づく反省はすべきであろう。しかし、日本だけ反省したところで真の平和は訪れない。また間違った史観に基づく反省？もいいとは思えない。日韓関係がいつもおかしくなったり、ぶり返したりするのは〝真実・事実に基づいたもので議論〟されないことが底辺にあるからだ。間違った土台の上に物を積んでもしょせん間違った対応、処置しかできない。私は少しでも戦勝国によって押しつけられた近現代史を正したい、いやそこまででなくとも角度をかえた捉え方でもう一度考えて見てほしい、という思いで本書を書きました。

参考文献

アメリカの鏡・日本　完全版　ヘレン・ミアーズ：伊藤延司＝訳（角川文庫）

日清戦争　近代日本初の対外戦争の実像　大谷　正（中央公論新社）

太平洋戦争　上巻　児島　襄（中央公論新社）

開戦前夜　児島　襄（文藝春秋）

昭和16年12月8日　日米開戦・ハワイ大空襲に至る道　児島　襄（文藝春秋）

日本の戦歴　南方進攻作戦　森山康平（学研M文庫）

日中戦争Ⅳ　児島　襄（文藝春秋）

わかりやすい日中戦争　祖父や父たちが戦った隣国との戦争　三野正洋（光人社）

ニミッツの太平洋海戦史　C・W・ニミッツ　E・B・ポッター：実松譲　富永謙吾（恒文社）

アジアの人々が見た太平洋戦争　小神野真弘（彩図社）

世界は「太平洋戦争」とどう向き合ったか　山崎雅弘（Ｇａｋｋｅｎ）

世界から見た大東亜戦争　名越二荒之助（展転社）

日本人と戦争　ロベール・ギラン（朝日文庫）

黎明の世紀　大東亜会議とその主役たち　深田祐介（文藝春秋）

見捨てられた戦場　平塚柾緒（洋泉社）
太平洋戦争日本の敗因　５　レイテに沈んだ大東亜共栄圏　ＮＨＫ取材班＝編（角川文庫）
徹底研究・太平洋戦争　海軍編１　三野正洋　大山正（光人社）
零戦戦史進撃篇　渡辺洋二（グリーンアロー出版社）
陸軍航空隊全史　木俣滋郎（朝日ソノラマ）
５つの戦争から読みとく日本近現代史　日本人として知っておきたい１００年の歩み　山崎雅弘　ダイアモンド社
大東亜戦争で日本はいかに世界を変えたか　加瀬英明（ベスト新書）

検証・日露戦争　読売新聞取材班（中公文庫）
リンドバーグ第二次大戦日記　チャールズ・Ａ・リンドバーグ（角川ソフィア文庫）
日本二千六百年史　大川周明（毎日ワンズ）
韓国　堕落の２０００年史　日本に大差をつけられた理由　崔　基鎬（祥伝社）
日韓併合　歴史再検証　韓民族を救った「日帝36年の真実」　崔　基鎬（祥伝社）
満州国は日本の植民地ではなかった　黄　文雄（ワック）
台湾は日本の植民地ではなかった　黄　文雄（ワック）
黄文雄の近現代史集中講座　台湾・朝鮮・満州編　黄文雄（徳間書店）

人種戦争―レイス・ウォー― ジェラルド・ホーン：藤田裕行＝訳（加瀬英明監修）（祥伝社）
人種差別から読み解く大東亜戦争 岩田 温（彩図社）
大東亜戦争の開戦目的は植民地解放だった 帝国政府声明の発掘 安濃 豊（展転社）
歴史からの警告 戦後五十年の日本と世界 林健太郎（中央公論新社）
もういちど読む山川日本近代史 鳥海 靖（山川出版社）
もういちどよむ山川世界現代史 木谷 勤（山川出版社）
改訂版 詳説世界史研究 木下康彦 木村靖二 吉田 寅 編（山川出版社）
改訂版 詳説日本史研究 佐藤 信 五味文彦 高埜利彦 鳥海 靖 編（山川出版社）
アジア近現代史「世界史の誕生」以降の８００年 岩崎育夫（中央公論新社）
日本近現代史講義 成功と失敗の歴史に学ぶ 山内昌之 細谷雄一 編著（中央公論新社）
「大日本帝国」崩壊 東アジアの１９４５年 加藤聖文（中央公論新社）
最終戦争論・戦争史大観 石原莞爾（中央公論新社）
昭和史20の争点 日本人の常識 秦郁彦（文藝春秋）
論点別 昭和史 戦争への道 井上寿一（講談社現代新書）
日露戦争が変えた世界史 平間洋一（芙蓉書房出版）

著者略歴

三ツ森 正人（みつもり まさと）

1952年３月　兵庫県伊丹市生まれ。
2016年３月　NTT定年退職。
現在関連会社でビル管理人業務勤務。
著者に『昇る太陽　知られざる大東亜戦争とアジアの独立』（幻冬舎、2018年）がある。

幻冬舎ルネッサンス新書　204

煌《きら》めく太陽《たいよう》　太平洋戦争《たいへいようせんそう》はアジア侵略戦争《しんりゃくせんそう》だったのか

2020年８月５日　第１刷発行

著　者　　三ツ森 正人
発行人　　久保田 貴幸

発行元　　株式会社 幻冬舎メディアコンサルティング
〒151-0051　東京都渋谷区千駄ヶ谷4-9-7
電話　03-5411-6440（編集）

発売元　　株式会社 幻冬舎
〒151-0051　東京都渋谷区千駄ヶ谷4-9-7
電話　03-5411-6222（営業）

ブックデザイン　田島照久
印刷・製本　中央精版印刷株式会社

検印廃止

Printed in Japan
ISBN 978-4-344-92908-1　C0221
幻冬舎メディアコンサルティングHP
http://www.gentosha-mc.com/